Introdução à epistemologia

FUNDAÇÃO EDITORA DA UNESP

Presidente do Conselho Curador
Mário Sérgio Vasconcelos

Diretor-Presidente
Jézio Hernani Bomfim Gutierre

Superintendente Administrativo e Financeiro
William de Souza Agostinho

Conselho Editorial Acadêmico
Danilo Rothberg
Luis Fernando Ayerbe
Marcelo Takeshi Yamashita
Maria Cristina Pereira Lima
Milton Terumitsu Sogabe
Newton La Scala Júnior
Pedro Angelo Pagni
Renata Junqueira de Souza
Sandra Aparecida Ferreira
Valéria dos Santos Guimarães

Editores-Adjuntos
Anderson Nobara
Leandro Rodrigues

Luiz Henrique de Araújo Dutra

Introdução à
epistemologia

© 2010 Luiz Henrique de Araújo Dutra

Direitos de publicação reservados à:
Fundação Editora da UNESP (FEU)
Praça da Sé, 108
01001-900 – São Paulo – SP
Tel.: (0xx11) 3242-7171
Fax: (0xx11) 3242-7172
www.editoraunesp.com.br
www.livrariaunesp.com.br
atendimento.editora@unesp.br

CIP-BRASIL. CATALOGAÇÃO-NA-FONTE
SINDICATO NACIONAL DOS EDITORES DE LIVROS, RJ

D975i

Dutra, Luiz Henrique de A. (Luiz Henrique de Araújo)
Introdução à epistemologia/Luiz Henrique de Araújo Dutra. – São Paulo: Editora UNESP, 2010.
192p.

Inclui bibliografia
ISBN 978-85-393-0054-9

1. Teoria do conhecimento. 2. Ciência – Filosofia. 3. Análise (Filosofia). I. Título.

10-3006.
CDD: 121
CDU: 165

Editora afiliada:

Asociación de Editoriales Universitarias de América Latina y el Caribe

Associação Brasileira de Editoras Universitárias

Sumário

Prefácio 9

1. Crença verdadeira e justificada 17
   As condições do conhecimento 18
   Os exemplos de Gettier 20
   Analisando o argumento de Gettier 24
   O argumento de Russell 27
   Subjetivo e objetivo 30
   A formulação linguística da concepção tradicional 33
   Resumo 35
   Leituras recomendadas 36
   Atividades 36

2. Realidade e ficção 39
   Pode haver ilusões dos sentidos? 40
   Como chegar a outros objetos de conhecimento 44
   Conhecimento direto e indireto 50
   Real e fictício 54
   Resumo 56
   Leituras recomendadas 57
   Atividades 57

INTRODUÇÃO À EPISTEMOLOGIA

3. Formas de justificação 59
    Conteúdo e método 62
    Sistemas de cognições........................... 65
    O mundo fragmentado......................... 71
    Conhecimento: um fenômeno natural............. 74
    Resumo 77
    Leituras recomendadas......................... 78
    Atividades 78

4. Racionalismo 81
    Uma estratégia para reformar o saber 85
    A cadeia de verdades........................... 89
    O fiador da verdade 93
    O espelho da natureza 96
    Resumo 98
    Leituras recomendadas......................... 99
    Atividades 100

5. Empirismo 101
    Modelos do intelecto 102
    A relação causal em xeque 108
    Uma espécie de "harmonia preestabelecida" 113
    A relação com o ceticismo...................... 115
    Resumo 117
    Leituras recomendadas......................... 118
    Atividades 118

6. Filosofia crítica.................................. 121
    Distinções fundamentais 123
    A matemática pura 128
    A ciência pura da natureza...................... 131

A possibilidade da metafísica........................ 137

Resumo.. 140

Leituras recomendadas............................... 141

Atividades.. 141

7. Positivismo lógico...................................... 143

O sistema construcional............................. 146

A base empírica....................................... 150

A sintaxe lógica e a eliminação da metafísica........ 153

O requisito de confirmação.......................... 155

O coerentismo de Neurath........................... 158

Resumo.. 162

Leituras recomendadas............................... 163

Atividades.. 163

8. Epistemologia naturalizada........................... 165

Os dogmas do positivismo lógico................... 169

O papel da epistemologia naturalizada.............. 173

O confiabilismo histórico de Goldman.............. 177

O fenômeno "conhecimento"........................ 180

Resumo.. 183

Leituras recomendadas............................... 184

Atividades.. 185

Referências bibliográficas............................... 187

Prefácio

"EPISTEMOLOGIA" É O termo que mais frequentemente empregamos hoje para nos referirmos à "teoria do conhecimento" – a disciplina tradicional dos currículos dos cursos de filosofia. Em manuais mais antigos, podemos também encontrar o termo "gnosiologia", atualmente em desuso. Os dicionários de filosofia e mesmo os dicionários comuns das línguas trazem definições do termo "epistemologia" e seus correlatos nas línguas modernas.[1] Como ocorre, contudo, com todas as disciplinas acadêmicas, tais definições informam muito pouco sobre a atividade em questão e, via de regra, o fazem de maneira distorcida. A melhor maneira de saber o que é a epistemologia consiste em examinar o que aqueles estudiosos dedicados a essa disciplina fizeram e fazem. E esse é o objetivo geral deste livro.

O período que compreende os trabalhos dos racionalistas continentais europeus, de René Descartes a Immanuel Kant, e também da tradição empirista britânica, de Locke, Berkeley e Hume, constitui

---

1   Como "*epistemology*", em inglês, e "*épistémologie*", em francês. No caso do francês, o termo era empregado com mais frequência para se referir à filosofia da ciência, mas, hoje, com a influência da literatura filosófica de língua inglesa, a tendência é, como em português, que o termo se refira à teoria do conhecimento. O termo "*epistemology*", em inglês, foi introduzido no século XIX pelo filósofo escocês James F. Ferrier.

INTRODUÇÃO À EPISTEMOLOGIA

aquele em que surgiu e se consolidou a epistemologia como disciplina filosófica, isto é, de meados do século XVII até o final do século XVIII. Examinando as obras desse período e ainda os desenvolvimentos posteriores da epistemologia ao longo dos séculos XIX e XX, vemos que os estudiosos dessa área se dedicam a elaborar dois tipos principais de teorias sobre o conhecimento humano: teorias "do conhecimento" propriamente e teorias "da investigação". Hoje, sobretudo na epistemologia de língua inglesa, é comum encontrarmos teorias "da justificação".

A tendência tradicional é a de identificar a epistemologia apenas com o trabalho de elaborar teorias do conhecimento (e da justificação), e de tomar as teorias da investigação como assunto ou da filosofia da ciência, ou da metodologia científica, disciplinas que seriam apenas campos de aplicação da epistemologia e não domínios próprios de uma "teoria geral" do conhecimento, ou epistemologia geral. Mas essa atribuição de competência do epistemólogo não depende apenas de uma demarcação entre a epistemologia geral e as epistemologias aplicadas aos casos específicos do conhecimento humano que encontramos, por exemplo, nas ciências profissionais. Essa própria demarcação também é motivada por determinada concepção do conhecimento humano.

As teorias do conhecimento, em geral, versam sobre aquilo que os epistemólogos denominam "conhecimento proposicional", isto é, sobre nossas crenças ou opiniões que podem ser expressas em palavras, por meio de sentenças declarativas, ou sentenças que descrevem estados de coisas. Os exemplos mais óbvios de estados de coisas são fatos empíricos – os fatos da experiência comum, assim como os fatos que interessam às ciências. É então a sustentabilidade de tais sentenças declarativas que está em questão para a epistemologia. Nesse caso, tomamos "o conhecimento pronto", e procuramos encontrar uma forma de justificá-lo. Nem todas as nossas opiniões ou

PREFÁCIO

afirmações são claramente verdadeiras e, logo, aceitáveis. Para mostrar que elas são aceitáveis, na maior parte das vezes, precisamos oferecer uma justificação para elas. Essa seria a tarefa de uma teoria do conhecimento no sentido mais específico de uma teoria "da justificação".

A forma pela qual chegamos a nossas opiniões ou crenças, que são expressas por sentenças declarativas, em geral, não é do interesse do epistemólogo. A forma usual encontrada na literatura para delimitar sua competência é aquela da distinção entre os contextos de "descoberta" (ou invenção) e de "justificação" (ou prova). Aqueles que sustentam esse ponto de vista afirmam que a epistemologia deve se ocupar apenas do contexto de justificação.[2] Com recursos puramente lógicos e analíticos, tais filósofos pretendem então mostrar como determinadas sentenças declarativas podem ser aceitas desde que aceitemos algumas outras – essas, de preferência, sentenças claramente verdadeiras e diretamente cognoscíveis. Ou, em outras palavras, uma teoria do conhecimento deve explicar de que maneira o conhecimento proposicional pode ser justificado, ou como nossas opiniões e afirmações podem ser sustentadas de forma não apenas convincente, mas imune a críticas razoáveis.

Entretanto, para a epistemologia tradicional, não interessa a forma como de fato chegamos a ter essas opiniões ou crenças, aquilo que pertence ao contexto de descoberta, ou criação, ou elaboração das opiniões ou crenças que possuímos. Tudo isso é deixado pelo epistemólogo para as disciplinas que se ocupam dos processos cognitivos reais, como a psicologia. Assim, a epistemologia tem sido vista como uma espécie de "lógica da cognição", e não como "psicologia da cognição", isto é, não como uma teoria do conhecimento enquanto processo no mundo.

---

2   A distinção tornou-se lugar-comum na epistemologia do século XX, mas o *locus classicus* de sua formulação é a obra de Hans Reichenbach (1938).

INTRODUÇÃO À EPISTEMOLOGIA

Entretanto, os autores mais interessados nos processos cognitivos estão muitas vezes procurando descobrir exatamente uma espécie de "lógica" desses processos, isto é, uma "lógica da investigação". Dois dos principais filósofos que adotaram essa perspectiva – John Stuart Mill e John Dewey – insistem no uso do termo "lógica" nesse sentido, e empregam o termo nos próprios títulos de suas principais obras sobre o tema. Esses e outros autores – como Karl Popper e, muito antes, Francis Bacon, todos eles formuladores de "teorias da investigação" – são considerados filósofos da ciência, e não propriamente praticantes de uma teoria geral do conhecimento. E é verdade que, em grande medida, suas discussões levam o conhecimento científico em consideração. Mas eles estão interessados em encontrar "padrões gerais" de investigação, padrões esses que não estão presentes apenas no conhecimento científico, mas no conhecimento humano em geral. Para eles, é porque tais padrões de investigação são gerais que eles estão presentes também nas ciências, obviamente.

Comparadas com as teorias do conhecimento tradicionais e mesmo com as discussões mais analíticas que encontramos desde o início do século XX até hoje, as teorias da investigação seriam então "teorias do conhecimento como processo", ao passo que aquelas teorias epistemológicas tradicionais seriam "teorias do conhecimento como produto". Ainda que, de fato, essa última perspectiva seja a mais comum, parece-nos importante mencionar aqui as teorias da investigação, exatamente porque elas trazem consigo também uma concepção alternativa do conhecimento humano.

O mesmo vale para aqueles autores – em geral apontados como "naturalistas" ou adeptos da "epistemologia naturalizada" –, que afirmam não serem rígidas as fronteiras entre a epistemologia como análise do conhecimento, com o objetivo de justificá-lo, e as disciplinas mais empíricas, como a psicologia e a linguística, que tratam de processos cognitivos. Ao defenderem o naturalismo, esses autores – no século XX, liderados por W. v. O. Quine – esposam também uma concepção alternativa do conhecimento humano, que em muitos aspectos importantes contrasta com a concepção tradicional. Além disso, eles procuram redefinir a própria tarefa da epistemologia, ou seja, procuram fazer com que as reflexões dos epistemólogos sobre o conhecimento humano em geral e sobre as ciências em particular incluam o próprio tipo de conhecimento que pretendemos produzir na epistemologia como disciplina. Assim, temos também um domínio que hoje é denominado "metaepistemologia", do qual trataremos no último capítulo deste livro.

No último capítulo, além da filosofia de Quine, comentaremos outra teoria do conhecimento de fundo naturalista, o confiabilismo de Alvin Goldman, em virtude de tal doutrina propor soluções interessantes para algumas questões a respeito do naturalismo, questões que o próprio Quine deixou sem uma solução mais convincente, como o problema da normatividade. Goldman também enfoca alguns problemas cruciais da epistemologia contemporânea, como o problema de Gettier, que será discutido já no primeiro capítulo.

Embora este livro se concentre no domínio específico das "teorias do conhecimento", as discussões dos naturalistas envolvem em parte os problemas relativos às "teorias da investigação". O fato de o naturalismo pôr em xeque a própria distinção entre os contextos de descoberta e de justificação é relevante para termos em conta também, em parte, a problemática mais própria das discussões do conhecimento enquanto processo. Isso seria tema, obviamente, para outro livro. Mas incluímos comentários sobre as teorias de Quine e Goldman porque esses autores se preocupam também com a relação entre a epistemologia tradicional, como "teoria da justificação" exclusivamente, e a epistemologia naturalizada.

INTRODUÇÃO À EPISTEMOLOGIA

Este livro constitui o que poderíamos tomar como uma seleção de autores e posições básicas e inevitáveis na teoria do conhecimento tradicional, embora possua capítulos mais centrados em determinados autores, e outros mais conceituais. Esse é o caso dos três primeiros capítulos, que entram diretamente em discussões analíticas a partir de elaborações contemporâneas, como o problema de Gettier, antecipado por Bertrand Russell em seu livro *Os problemas da filosofia* (de 1912). Entretanto, do quarto capítulo até o sétimo, fazemos uma apresentação mais histórica, embora não exatamente como uma mera exposição das doutrinas de Descartes (racionalismo), de Hume (empirismo britânico), de Kant (filosofia crítica) e do positivismo lógico do Círculo de Viena (em especial, de Rudolf Carnap).

A razão disso é que uma análise das ideias desses filósofos nos parece indispensável para a boa compreensão da epistemologia não apenas quanto à sua história, mas também quanto a suas tendências e preocupações atuais. Mas não se trata propriamente de apresentar primeiro as teorias atuais, para depois voltar às do passado, na época moderna. Os capítulos mais voltados para determinados filósofos ou escolas filosóficas do passado, por sua vez, não deixam de discutir os pontos de vista de tais autores de maneira atualizada. Comentaremos os pontos centrais das doutrinas daqueles filósofos de forma a relacioná-los com as discussões mais analíticas apresentadas nos três primeiros capítulos.

O que desejamos, em suma, é tanto resgatar as contribuições do passado, a partir de Descartes, quanto analisar os desenvolvimentos presentes da epistemologia. É dessa forma que acreditamos que este livro possa contribuir para a compreensão ao mesmo tempo ampla e, em alguns tópicos, aprofundada dos problemas principais da teoria do conhecimento. Por fim, devemos dizer que não pretendemos simular nenhuma forma de imparcialidade ou neutralidade quanto a todas as doutrinas examinadas aqui – o que seria certamente

PREFÁCIO

tolo. De duas maneiras nosso próprio ponto de vista torna-se claro, a saber, tanto na escolha dos autores e temas, quanto em nossos comentários às teorias desses autores e às soluções que eles defenderam para os problemas estudados.

Este livro deve poder servir como livro-texto para disciplinas de teoria do conhecimento nos cursos de filosofia, em especial, para a graduação, e mesmo para o início da pós-graduação. Todos os capítulos se concluem com um resumo, seguido de indicações de leituras complementares, de questões sobre o conteúdo e de temas para pequenas redações. O livro foi utilizado mais de uma vez em disciplinas ministradas na Universidade Federal de Santa Catarina (UFSC), tendo recebido sugestões dos alunos, a quem cabe agradecer, assim como a Ivan Ferreira da Cunha, que ajudou na revisão do texto.

L. H. de A. D.

1. Crença verdadeira e justificada

A PARTIR DO pequeno artigo de Edmund Gettier "Is Justified True Belief Knowledge?" (A crença verdadeira e justificada é conhecimento?) (1963), tornou-se lugar-comum entre os epistemólogos a ideia de que a concepção tradicional do conhecimento, sustentada desde o *Teeteto* de Platão (século IV a.C.), até os dias de hoje, é a de que o conhecimento humano é "crença verdadeira e justificada". O próprio Gettier cita, além de Platão, Alfred Ayer e Roderick Chisholm, autores contemporâneos cujas obras analisam detalhadamente a mesma concepção. Gettier não cita Bertrand Russell; mas este, em seu livro *Os problemas da filosofia* (1912), no Capítulo 13, antecipa praticamente a mesma argumentação de Gettier.

Neste capítulo, vamos tratar da concepção tradicional de conhecimento como crença verdadeira e justificada e discutir as argumentações de ambos, Russell e Gettier, procurando compará-las e acrescentar outros comentários. Nosso objetivo não é o de dar uma solução para o problema de Gettier, mas apresentar as discussões de Russell e de Gettier para podermos compreender melhor a própria concepção tradicional. O trabalho de Gettier tornou-se o mais conhecido por levantar o problema, e é também aquele que faz uma apresentação mais sintética, embora um tanto esquemática, indo diretamente ao ponto. Por isso, vamos começar por ele.

INTRODUÇÃO À EPISTEMOLOGIA

O já mencionado artigo de Gettier (que em sua publicação original tinha apenas três páginas) lança um desafio frontal – e, aparentemente, devastador – à epistemologia tradicional. Ele foi assim recebido. Gettier afirma que, em determinados casos de crença verdadeira e justificada – casos nos quais preenchemos todos os requisitos da concepção tradicional –, não diríamos que estamos diante de casos de conhecimento, em vez de mera crença ou opinião. Assim, a epistemologia tradicional teria falhado em especificar as condições para termos conhecimento, e deveria então recomeçar seu trabalho, partindo do zero. Para entendermos bem o argumento de Gettier, devemos analisar os exemplos que ele apresenta em seu artigo. Mas, antes disso, vamos comentar brevemente as condições que, segundo a epistemologia tradicional, devem ser cumpridas para haver conhecimento, em vez de mera opinião ou crença. É assim que o próprio texto de Gettier se inicia.

AS CONDIÇÕES DO CONHECIMENTO

Segundo Gettier, há três requisitos que a epistemologia tradicional impõe como condições gerais para haver conhecimento. Ele os apresenta em três versões, e reproduziremos aqui a primeira (que ele atribui à tradição epistemológica, mencionando o diálogo *Teeteto*, de Platão).[1] Suponhamos determinada proposição P, que relata uma crença ou opinião que determinado sujeito humano possui. Segundo Gettier, podemos dizer que tal sujeito S sabe que P se, e somente se:

---

1   As duas outras formulações são tiradas de Chisholm (1957, p.16) e de Ayer (1956, p.34). Gettier também cita o diálogo *Menon*, de Platão.

CRENÇA VERDADEIRA E JUSTIFICADA

i. *P* é verdadeira,
ii. *S* acredita que *P*, e
iii. *S* está justificado em acreditar que *P*.

Como veremos a seguir, a análise de Gettier consiste em identificar casos em que acreditamos em uma proposição verdadeira e temos justificação para isso, mas, mesmo assim, não diríamos que temos conhecimento ou que "sabemos" aquilo que a proposição expressa. Antes de examinar os exemplos fornecidos por ele, notemos algumas características básicas da concepção que ele pretende criticar.

Em primeiro lugar, aquilo que é considerado "conhecimento", segundo essa concepção tradicional, é uma parte de nossas opiniões ou crenças. Mais exatamente, trata-se daquelas opiniões ou crenças que, sendo verdadeiras, também recebem alguma justificação. Estão descartadas, logo de saída, as opiniões que temos e que são falsas, obviamente, assim como aquelas que, mesmo sendo verdadeiras, não recebem qualquer justificação. Além disso, as proposições verdadeiras, que, no entanto, expressam opiniões ou crenças que determinado sujeito não possui, essas também não podem ser candidatas a ser conhecimento. Portanto, segundo essa concepção, o conhecimento é algo que depende, em primeiro lugar, do sujeito cognoscente – pois é ele que sustenta ou não determinada proposição e é ele que está ou não justificado em ter essa crença.

Em segundo lugar, o conhecimento depende também de um fator inteiramente objetivo, o fato de ser verdadeira a proposição sustentada pelo sujeito. Isso não decorre de suas crenças, mas de um acordo entre a proposição e determinados estados de coisas. Veremos adiante como Russell, ao contrário de Gettier (que não entra nesses detalhes), analisa em seu livro (1912) o conceito de verdade que está envolvido nessa concepção do conhecimento; e vamos comentar esse ponto também. Trata-se da concepção da verdade como correspondência.

Em resumo, podemos representar graficamente os comentários anteriores, como tem sido usual, por meio do seguinte diagrama:

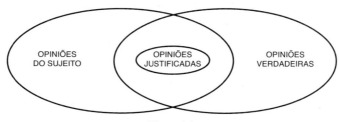

Figura 1.1

O conhecimento encontra-se na área mais central do diagrama (marcada com os dizeres "opiniões justificadas"), pois essa área contém aquelas opiniões do sujeito que são verdadeiras e também justificadas. Notemos que há opiniões do sujeito que são verdadeiras, mas que não são justificadas — aquelas que estão fora da área mais central do diagrama e ainda dentro da intersecção com a área das opiniões verdadeiras. Há também opiniões que o sujeito possui e que não são verdadeiras — aquelas na área maior à esquerda, fora da intersecção com a área das opiniões verdadeiras. Por fim, há opiniões verdadeiras que o sujeito não possui — aquelas na área maior à direita, fora da intersecção com a área das opiniões do sujeito. Mais uma vez, são conhecimento apenas as opiniões do sujeito que são verdadeiras e também justificadas, isto é, aquelas localizadas na área central e menor do diagrama.

OS EXEMPLOS DE GETTIER

Gettier apresenta dois exemplos para mostrar que, às vezes, podemos preencher todas as condições apontadas anteriormente e, mesmo assim, hesitar em dizer que temos conhecimento. À primeira vista, os dois exemplos parecem um tanto artificiais, mas isso decorre do fato de que não prestamos atenção aos pressupostos assumidos por Gettier em suas análises. Ele presume, em primeiro lugar, que há formas inferenciais preservadoras da verdade, como é usual dizer na filosofia e na lógica, e que o conhecimento obtido por inferência é tão legítimo quanto aquele que pode ser obtido por outros meios, por exemplo, diretamente, ao examinarmos pelos sentidos determinado objeto. Em segundo lugar, conta como justificação o testemunho tanto de nossos sentidos quanto aquele fornecido por outros indivíduos. Esses dois pontos, mais uma vez, não são explicitados por Gettier em seu texto, mas, como veremos adiante, são explicados detalhadamente por Russell (1912).

O primeiro exemplo proposto por Gettier é aquele de um indivíduo chamado *Smith* que, junto com outro, chamado *Jones*, se apresenta para concorrer a um emprego. *Smith* tem fortes evidências para sustentar a seguinte proposição conjuntiva,[2] diz Gettier:

(1) *Jones* é quem vai conseguir o emprego **e** *Jones* tem dez moedas no bolso.

Gettier diz que a justificação para tal proposição conjuntiva advém, por exemplo, do fato de ter dito o presidente da companhia a *Smith* que *Jones* é quem vai conseguir o emprego (o testemunho de outra pessoa) e do fato de *Smith* mesmo ter contado as moedas no

---

2   Uma proposição conjuntiva (ou *conjunção*) segundo a lógica clássica é aquela que reúne duas outras proposições por meio do conectivo verifuncional "e", como em "*A* e *B*", sendo que as letras "*A*" e "*B*" representam tais outras proposições. Uma conjunção será verdadeira se ambas as proposições unidas forem verdadeiras, e será falsa se uma delas for falsa; finalmente, se uma conjunção é verdadeira, qualquer uma das proposições nela unidas é verdadeira. Para esse e outros temas da lógica que aparecerão neste capítulo e ao longo deste livro, cf. Mortari (2001).

bolso de *Jones* (seu conhecimento perceptivo, direto). Então, a partir da proposição (1), *Smith* infere a seguinte outra proposição:

(2) Quem vai conseguir o emprego tem dez moedas no bolso.[3]

Gettier conclui seu primeiro exemplo nos convidando então a imaginar o seguinte: em virtude de outras circunstâncias, quem acaba conseguindo o emprego é o próprio *Smith* e não *Jones*. Além disso, sem saber, *Smith* também tem dez moedas no bolso. Dessa forma, a proposição (2) continua sendo verdadeira (ela é verdadeira a respeito de *Smith*, assim como era verdadeira a respeito de *Jones*) e a justificação que (2) recebia continua valendo para *Smith*, uma vez que as evidências que ele tinha não mudaram. Entretanto, diz Gettier, *Smith* não possui "conhecimento" a respeito do que está expresso na proposição (2), pois não é em virtude de ele mesmo ter dez moedas no bolso que ele afirma a proposição (2), mas em virtude de *Jones* ter as dez moedas no bolso.

Antes de fazermos comentários a respeito desse caso e das consequências que dele Gettier tira, vejamos o segundo exemplo. Nele, Gettier nos convida a supor que o mesmo *Smith* possui forte evidência em favor de outra proposição:

(3) *Jones* possui um carro Ford.

Tal evidência vem do fato de *Smith* ter visto *Jones* diversas vezes dirigindo um Ford (suas percepções, portanto). Além disso,

---

3   É preciso salientar que esta proposição (2) não decorre da proposição conjuntiva (1) dedutivamente por meio de uma inferência imediata. Mesmo assim, tomada de forma puramente intelectual, como fazemos no dia a dia, a inferência é considerada correta.

CRENÇA VERDADEIRA E JUSTIFICADA

diz Gettier, vamos supor que *Smith* tenha um amigo chamado *Brown,* cujo paradeiro *Smith* desconhece. Assim, *Smith* escolhe ao acaso três opções de localização de *Brown*, apresentando cada possibilidade em uma proposição disjuntiva,[4] como a seguir:

(4) *Jones* possui um Ford **ou** *Brown* está em Boston;
(5) *Jones* possui um Ford **ou** *Brown* está em Barcelona;
(6) *Jones* possui um Ford **ou** *Brown* está em Brest-Litovsk.

As três proposições acima – (4), (5) e (6) – decorrem todas da proposição (3), o que permite a *Smith* aceitar cada uma delas, já que ele aceitou a proposição (3). Em seguida, Gettier nos convida a imaginar o seguinte: de fato, *Jones* não tem um carro Ford, mas estava dirigindo um Ford alugado, e, por coincidência, acontece de *Brown* estar em Barcelona, como diz a proposição (5), embora *Smith* não saiba isso. Nesse caso, a proposição (5) continua sendo verdadeira e justificada. Ela é verdadeira porque a segunda proposição disjunta

---

4   De forma similar às proposições conjuntivas, comentadas anteriormente, as proposições disjuntivas são formadas por meio do conectivo "ou", também verifuncional, utilizado em *disjunções inclusivas*. Uma proposição disjuntiva *inclusiva* será verdadeira se pelo menos uma das proposições nela unidas for verdadeira, podendo ser ambas verdadeiras; será falsa se ambas as proposições unidas forem falsas. Além disso, se uma proposição qualquer for verdadeira, uni-la a outra proposição qualquer (mesmo falsa) resultará em uma proposição disjuntiva verdadeira, pois, para que uma disjunção inclusiva seja verdadeira, basta que uma das proposições unidas nela seja verdadeira. Em seu artigo, Gettier utiliza a expressão *"either... or..."*, que seria traduzida em português por "ou... ou...". Essa expressão, contudo, pode ser interpretada como indicativa do que os lógicos denominam *disjunção exclusiva*, cujo comportamento veritativo é diferente daquele da disjunção inclusiva. Uma disjunção exclusiva será verdadeira se *apenas uma* das proposições nela unidas for verdadeira; será falsa se ambas forem falsas ou se ambas forem verdadeiras. Como fica claro no argumento de Gettier que ele se refere à disjunção inclusiva, modificamos o exemplo, utilizando apenas um conectivo "ou" para unir as duas proposições disjuntas.

("*Brown* está em Barcelona") é verdadeira, mesmo que a primeira disjunta não seja verdadeira. E a justificação de *Smith* permanece, já que a proposição (5), formalmente, decorre da proposição (3), para a qual ele tinha justificação. Entretanto, *Smith* não sabe que a proposição (5) é verdadeira – ele não tem conhecimento disso, pois ele acha que a proposição (5) é verdadeira em virtude de ser verdadeira e justificada sua primeira disjunta ("*Jones* possui um Ford"), e não a segunda ("*Brown* está em Barcelona").

ANALISANDO O ARGUMENTO DE GETTIER

Os dois exemplos de Gettier que acabamos de ver ilustram a mesma argumentação do autor. Nos dois casos, o que ocorre é que, em virtude das inferências feitas e das circunstâncias e coincidências não conhecidas pelo sujeito (*Smith*), uma proposição na qual ele crê – proposição que é verdadeira e para a qual ele possui justificação – não pode ser considerada um caso de conhecimento. Embora os dois casos discutidos preencham os três requisitos da concepção tradicional do conhecimento como crença verdadeira e justificada, em nenhum deles podemos dizer que estamos diante de um caso de conhecimento.

Os exemplos de Gettier são desconcertantes, assim como sua argumentação em geral. Por um lado, sentimo-nos compelidos por seu argumento e lhe damos razão, mas, por outro, sentimos certo desconforto nisso, mesmo que nos pareça que ele tem razão. O desconforto decorre do fato de que Gettier muda de perspectiva ao longo de sua análise dos dois casos. E percebemos tal mudança de perspectiva ao considerarmos o seguinte: suponhamos que não *Smith*, mas outra pessoa avalie independentemente dele a verdade das proposições em questão nos dois exemplos e a justificação que ele teria

CRENÇA VERDADEIRA E JUSTIFICADA

para elas. A questão então é: essa pessoa, sem saber das mudanças de circunstâncias das quais o próprio *Smith* tomou conhecimento, ainda diria que, nos dois casos, "não" estamos diante de casos de conhecimento genuíno, mesmo sendo eles casos de crença verdadeira e justificada? Acreditamos que não, isto é, acreditamos que tal pessoa consideraria os dois casos como casos de conhecimento. Vejamos como seria isso.

No primeiro exemplo, do emprego que *Smith* conseguiu em lugar de *Jones*, se a pessoa (que avaliar a situação independentemente das informações complementares que *Smith* obteve ao longo do desenrolar do exemplo) apenas constatar que *Smith* tem dez moedas no bolso, ela ainda vai considerar verdadeira e justificada a proposição (2) – "Quem vai conseguir o emprego tem dez moedas no bolso". Será assim porque essa pessoa não saberá que o próprio *Smith* não sabia que ele também tinha dez moedas no bolso. Apenas *Smith* sabe que ele tinha pensado nas moedas no bolso de *Jones* e não naquelas em seu próprio bolso. Desse modo, o observador independente que estamos imaginando não teria como descredenciar o caso do primeiro exemplo, a não ser que *Smith* interferisse e dissesse no que exatamente estava pensando.

O mesmo valeria para o caso do segundo exemplo, pois seria preciso que *Smith* dissesse àquela pessoa que ele, *Smith*, estava pensando que é verdadeira a primeira parte da proposição disjuntiva (5) – "*Jones* possui um Ford" – e não a segunda – "*Brown* está em Barcelona". Mas, não dizendo isso, aquele observador independente continuaria a achar que esse também seria um caso de conhecimento, isto é, de crença verdadeira e justificada, como formalmente continua a ser.

Ora, o que isso quer dizer é que Gettier nos faz oscilar entre as perspectivas de um observador independente e de *Smith*, ou seja, do sujeito. Esse sujeito tem acesso a informações que o observador independente não tem – aquelas nas quais ele pensa sem dizer. E é dessa mudança de perspectiva que provém nosso desconforto quanto aos exemplos de Gettier. Pois, se pensarmos do ponto de vista da pessoa que examina os casos independentemente das informações privadas de *Smith*, esses casos continuam a parecer casos de conhecimento. É apenas quando mudamos para a perspectiva privada de *Smith* que passamos a desconsiderar os dois casos como casos de conhecimento.

Isso não quer dizer que a argumentação de Gettier esteja equivocada. Quer dizer apenas que há outro pressuposto ainda não revelado de sua argumentação. Tal pressuposto é também algo sempre presumido pela epistemologia tradicional e que recebe o nome técnico de "solipsismo metodológico". Vamos comentar esse ponto adiante, mas, por ora, podemos dizer o seguinte: o solipsismo metodológico consiste em supor que o conhecimento é algo privado do sujeito e que é o sujeito quem decide a seu respeito. Claro que se rompermos com esse ponto de vista, e considerarmos o conhecimento um evento público, então os argumentos de Gettier não valerão mais. Mas eles não valerão porque os exemplos utilizados em tais argumentos foram elaborados para desafiar uma concepção do conhecimento como evento privado do sujeito, e não como evento público, caso em que as diversas opiniões, dos diversos sujeitos, devem ser consideradas.

Quanto a esse aspecto, Gettier tem razão, pois a epistemologia tradicional de fato presume o solipsismo. Como veremos com os autores modernos, de Descartes a Kant, a epistemologia tradicional não analisa casos de conhecimento público para o qual contribuem diversos sujeitos. O mesmo solipsismo é presumido por Russell em suas discussões sobre o conhecimento humano. Como veremos a seguir, Russell é explícito quanto aos pressupostos necessários para podermos formular o problema e extrair dele consequências relevantes do ponto de vista da epistemologia tradicional.

O ARGUMENTO DE RUSSELL

Russell inicia o Capítulo 13 de seu livro *Os problemas da filosofia* (1997 e 2001) com exemplos que lembram aqueles de Gettier. Diz Russell: se uma pessoa pensa que a primeira letra do sobrenome do ex-primeiro-ministro da Inglaterra é "B", ela está certa, pois ele se chamava Henry Bannerman. Mas se, por acaso, aquela pessoa achar que a primeira letra do sobrenome do ex-primeiro-ministro é "B" porque pensa, erroneamente, que o senhor Balfour é o ex-primeiro--ministro em questão, então essa pessoa não possui conhecimento, embora, formalmente, seja verdade que a primeira letra do sobreno-me do ex-primeiro-ministro da Inglaterra é "B".

O outro exemplo de Russell é o de um jornal que, por enga-no, anuncia o resultado de uma batalha antes que a notícia chegue à redação do jornal, levando os leitores a ter tal crença. Entretanto, depois, a batalha tem o mesmo desfecho anunciado pelo jornal. Nesse caso, os leitores possuiriam uma crença verdadeira e justificada, mas não teriam "conhecimento" do desfecho da batalha. O jornal publi-cou uma informação "errada" antes, mas, por acaso, ela se tornou "correta" depois.

Em suas análises desses exemplos, Russell comenta que o pro-blema é que as crenças em questão foram obtidas por um processo "falacioso", isto é, por um processo não confiável pelo qual os in-divíduos adquiriram as crenças que sustentam. O mesmo vale para aqueles exemplos analisados por Gettier. Mas esse autor não deixa isso tão claro quanto Russell em seu livro.

O mais interessante da análise de Russell, contudo, é que ele apresenta uma espécie de "solução provisória" para o problema, propondo a distinção de três categorias: "conhecimento", "erro" e "opinião provável". Ele a apresenta na seguinte passagem:

INTRODUÇÃO À EPISTEMOLOGIA

> Aquilo em que acreditamos firmemente, se for verdadeiro, será chamado de *conhecimento*, desde que seja um conhecimento intuitivo ou um conhecimento inferido (lógica e psicologicamente) de um conhecimento intuitivo do qual se siga logicamente. Aquilo em que acreditamos firmemente, se não for verdadeiro, será chamado de *erro*. Aquilo em que acreditamos firmemente, se não for nem conhecimento, nem erro, e também aquilo em que acreditamos com hesitação, porque é algo que não possui o mais alto grau de evidência pessoal, ou é derivado de algo assim, poderá ser chamado de *opinião provável*. Assim, na maior parte das vezes, aquilo que em geral seria considerado conhecimento é opinião mais, ou menos, provável. (Russell, 1997, p.139-40)

Em primeiro lugar, vemos que, nas definições propostas por Russell nessa passagem, a justificação para que aquilo em que acreditamos seja conhecimento, desde que também seja verdadeiro, é que tal crença seja obtida diretamente (a partir de nossas percepções – o que Russell denomina "conhecimento intuitivo"), ou seja, obtida a partir desse tipo de conhecimento por meio de um processo confiável. Em outras palavras, a crença derivada tem de se seguir logicamente daquele conhecimento intuitivo e, tanto "lógica" quanto "psicologicamente", tal derivação deve ser feita a partir daquele conhecimento intuitivo.

Isso quer dizer, como esclarece Russell, que tal processo inferencial tem de corresponder a um argumento válido.[5] Esse é o aspecto "lógico" da derivação. Mas, mesmo com um argumento válido, a derivação poderia não ter sido feita, do ponto de vista "psicológico", da maneira apropriada. É isso o que ocorre nos exemplos dados tanto

---

5   Do ponto de vista da lógica clássica, um argumento é dedutivo válido se possuir uma forma lógica tal que, sendo verdadeiras todas as suas premissas, a conclusão é necessariamente verdadeira, ou, dito de outro modo, a conclusão não pode ser falsa.

CRENÇA VERDADEIRA E JUSTIFICADA

por Russell quanto por Gettier, nos quais o sujeito vem a sustentar uma proposição que, formalmente falando, se segue de outras, mas cujo processo psicológico não foi apropriado, pois tem origem em uma crença falsa. É o caso, por exemplo, de alguém que diz corretamente que o sobrenome do ex-primeiro-ministro começa com "B" porque pensa no Sr. Balfour, e não em *Sir* Henry Bannerman, ou, naquele exemplo de Gettier, de alguém que diz corretamente que quem ganhará o emprego tem dez moedas no bolso porque pensa em *Jones* e não em *Smith*.

O erro é a possibilidade mais simples daquelas apontadas por Russell, obviamente. Isso porque, não sendo verdadeira, uma crença não pode ser conhecimento, mesmo que o sujeito a possua – o que decorre da concepção tradicional, como vimos.

Por fim, a solução provisória dada por Russell está na terceira categoria, que ele denomina "opinião provável". A opinião provável pode ocorrer de duas maneiras, diz ele. A segunda, e mais simples, é aquela em que acreditamos em algo com hesitação. Ou seja, o próprio sujeito não confere a sua crença, diz Russell, o mais alto grau de evidência pessoal. A primeira maneira de obter opinião provável é aquela em que acreditamos firmemente em algo, mas isso não é nem erro, nem conhecimento. Esse é o caso mais interessante. Vejamos.

Se não se trata de erro é porque a crença em questão é verdadeira (o que podemos não saber e, na verdade, não sabemos muitas vezes). Além disso, se não se trata de conhecimento, é porque ou não acreditamos firmemente naquilo, ou então porque a crença em questão não foi obtida por um processo apropriado (dos pontos de vista: ou lógico, ou psicológico). Assim, há duas formas pelas quais podemos deixar de ter conhecimento, segundo Russell: ou não temos uma justificação para nossa crença (e por isso não acreditamos "firmemente"), ou temos a justificação pessoal, mas estamos enganados quanto à sua validade objetiva.

INTRODUÇÃO À EPISTEMOLOGIA

Além de antecipar o próprio problema de Gettier, essa análise de Russell antecipa também uma das soluções aventadas atualmente, aquela ligada ao confiabilismo, que será discutida no último capítulo, cuja ideia central é que os processos de produção de crenças devem ser confiáveis, como sustenta o filósofo norte-americano Alvin Goldman. Russell também relaciona a justificação com o grau de convicção que uma pessoa tem de suas crenças, e esse é um aspecto importante da concepção tradicional do conhecimento como crença verdadeira e justificada, e que vamos discutir adiante. Essa concepção contém aspectos subjetivos (aquilo que depende do sujeito cognoscente), como a justificação, mas contém ainda aspectos objetivos (que independem do sujeito), como a verdade de suas opiniões.

SUBJETIVO E OBJETIVO

Quando apresentamos a concepção tradicional de conhecimento como crença verdadeira e justificada, colocamos em relação três elementos, dois dos quais dependem do sujeito, a saber, a crença (que ele possui, ou opinião que sustenta) e a justificação que é suficiente para ele. O terceiro elemento da concepção é que, para ser conhecimento, uma crença tem de ser verdadeira. E esse é um aspecto puramente objetivo, pois, segundo a epistemologia tradicional, o que é verdadeiro é o que corresponde à realidade, isto é, o que é o caso.

A crença de um sujeito, via de regra, é concebida pela epistemologia tradicional como um estado mental do sujeito, como determinadas representações internas que ele possui das coisas fora dele. Assim, além de solipsista, a epistemologia tradicional seria também mentalista, isto é, conceberia o conhecimento como uma coleção de entidades ou de eventos mentais dos sujeitos humanos. Mas essa perspectiva mentalista não é inevitável, pois podemos também falar

CRENÇA VERDADEIRA E JUSTIFICADA

de opiniões verdadeiras e justificadas – e o termo "opinião" talvez não se preste a uma interpretação mentalista da mesma forma que o termo "crença". De qualquer maneira, seja ao falarmos de crenças do sujeito, seja ao falarmos de suas opiniões, podemos tomar tais coisas simplesmente como predisposições que tal sujeito tem para agir de determinadas maneiras. Por exemplo, se alguém tem a opinião de que um amigo seu é uma pessoa confiável, então possui a predisposição para acreditar naquilo que tal amigo lhe diz. Se, por outro lado, ele diz que confia em seu amigo, mas manifesta continuamente desconfianças sobre o que seu amigo lhe diz, então nossa conclusão é a de que ele, afinal, não considera seu amigo uma pessoa confiável. Além disso, esse aspecto da definição tradicional de conhecimento continua a ser subjetivo, pois é o sujeito que possui ou crenças, ou opiniões, ou então predisposições para agir de determinadas formas.

Igualmente subjetiva é a justificação das crenças do sujeito, pois o que é justificação suficiente para uns não é para outros. Por exemplo, para o pai que surpreende sua filha chegando à casa de manhã, porque ela passou a noite em uma festa que estava muito agradável, mencionar isso pode não ser uma boa justificação, enquanto, para a mãe da menina, que sabe que ela estava com o namorado, a justificação parece suficiente. Ou seja, a justificação depende das outras opiniões ou crenças que o sujeito possui, e por isso ela é forçosamente também subjetiva.

Por fim, a verdade é aquele elemento inteiramente objetivo que está presente na concepção tradicional. Muitas de nossas opiniões são verdadeiras, outras são falsas. Delas todas, algumas sabemos ser verdadeiras, outras não. E quer saibamos da verdade de nossas opiniões, quer não, elas serão verdadeiras ou não independentemente do que sabemos sobre elas. A concepção tradicional de conhecimento presume que o que é verdadeiro é verdadeiro em virtude de um

INTRODUÇÃO À EPISTEMOLOGIA

acordo entre a crença ou opinião e uma instância externa. Russell discute esse ponto em seu livro *Os problemas da filosofia*, no Capítulo 12, e defende uma teoria da verdade como correspondência entre nossas crenças e fatos. A ideia básica por trás da teoria da correspondência e de outras teorias da verdade é a noção de acordo, que é tão bem expressa por Aristóteles da seguinte maneira: "Dizer do que é que ele não é, ou do que não é que ele é, é falso, ao passo que dizer do que é que ele é, e do que não é que ele não é, é verdadeiro" (*Metafísica*, livro Γ, 7, 27).

Todas as teorias da verdade que se pretendem objetivas – e esse é o caso das teorias da verdade como correspondência – querem especificar aquilo que é a noção central contida nessa máxima de Aristóteles, isto é, a noção de acordo entre duas instâncias. Tal acordo pode existir independentemente de o sujeito cognoscente se dar conta de que tal acordo existe. É assim, de qualquer forma, que a epistemologia tradicional entende esse ponto. O problema mais relevante para a epistemologia é o de como podemos saber se nossas opiniões são verdadeiras ou não. Mas esse problema torna-se mais difícil de resolver se a verdade for concebida como um acordo entre nossas opiniões e uma instância externa e independente delas. Vamos tratar desse aspecto no capítulo sobre as formas de justificação.

Como dissemos antes, embora a justificação seja um aspecto subjetivo da concepção tradicional de conhecimento, as teorias do conhecimento que pressupõem a noção de verdade como correspondência sustentam também que uma justificação completa ou inquestionável, mesmo para o próprio sujeito, deve levar em conta o aspecto objetivo, isto é, a verdade. Vimos isso nas análises de Russell e de Gettier. Mas, para levarmos em conta a verdade de nossas opiniões, precisamos de um critério para descobrir quais delas são verdadeiras.

A FORMULAÇÃO LINGUÍSTICA DA CONCEPÇÃO TRADICIONAL

Para terminarmos este capítulo, vamos comentar uma segunda formulação da mesma concepção tradicional de conhecimento que discutimos até aqui. Em lugar de dizer que, para a concepção tradicional, o conhecimento é "crença" verdadeira e justificada, podemos dizer que o conhecimento é "proposição" verdadeira e justificada, tal como preferem em geral os epistemólogos no século XX. O termo "proposição" é às vezes substituído por outros termos linguísticos, como "enunciado" ou "sentença".

A vantagem que, aparentemente, haveria em apresentar a mesma concepção de conhecimento por meio dessa formulação linguística residiria no fato de que, à primeira vista, seria mais fácil comparar proposições com estados de coisas do que crenças com estados de coisas. Mas essa aparente facilidade é um tanto enganadora, pois ela depende do significado atribuído aos termos "proposição", "sentença" e "enunciado".

Normalmente, filósofos, lógicos e linguistas aceitam que um "enunciado" é um evento de comunicação, quando um falante de determinada língua utiliza uma sentença ou oração dessa língua para comunicar algo a outros indivíduos. A "sentença" (ou oração) que o falante utiliza é, em geral, compreendida como uma sequência bem formada de símbolos, sequência considerada bem formada porque está de acordo com as regras gramaticais da língua a que pertence. Mas é verdade que o falante pode dizer o mesmo utilizando sentenças diferentes (da mesma língua ou de línguas diferentes), e o que essas sentenças possuiriam em comum seria o que os filósofos entendem por "proposição", ou seja, o significado comum das sentenças consideradas sinônimas.

INTRODUÇÃO À EPISTEMOLOGIA

De qualquer forma, ainda que algumas teorias da verdade como correspondência – tal como a de Russell – falem da correspondência entre proposições e estados de coisas,[6] o que parece ser algo difícil de constatar, a formulação linguística ainda sugere certa vantagem metodológica, pois podemos comparar enunciados com enunciados, como o enunciado que comunica a crença ou opinião do sujeito com o enunciado que descreve o conhecimento direto que ele tem (suas percepções, por exemplo). Essa comparação parece possível em termos meramente lógicos, e parece realizável por meio das ferramentas que a lógica moderna nos fornece. Essa ideia foi assumida por Carnap e outros positivistas lógicos, os quais argumentavam exatamente em favor da chamada "virada linguística", que implicava conceber o conhecimento humano em termos linguísticos, e não em termos mentalistas. A posição de Carnap será discutida no capítulo sobre o positivismo lógico.

De qualquer forma, seja na formulação inicial mentalista, seja nessa formulação linguística, trata-se da mesma concepção de conhecimento, que é aquela enfocada pela epistemologia tradicional. Os problemas levantados por essa concepção, alguns dos quais vimos anteriormente com as análises de Gettier e Russell, serão discutidos detalhadamente nos próximos capítulos.

O conhecimento que está em questão, seja apontado como crença ou opinião, seja como enunciado, sentença ou proposição, é sempre o tipo de conhecimento chamado pelos epistemólogos de "conhecimento proposicional", isto é, aquele conhecimento que podemos colocar em palavras. O conhecimento intuitivo ou direto, como aquele que está presente nos dados dos sentidos do sujeito, é

---

6   Russell apresenta sua mesma teoria da verdade como correspondência de maneiras diferentes. No livro *Os problemas da filosofia* (2001, Capítulo 12), ele fala da correspondência entre crenças e fatos. Mas, em *The Philosophy of Logical Atomism* (1996), fala da correspondência entre proposições e estados de coisas, tal como o faz Wittgenstein no *Tractatus Logico-Philosophicus* (2001).

CRENÇA VERDADEIRA E JUSTIFICADA

importante para as teorias do conhecimento na medida em que pode servir de base para o conhecimento proposicional, cuja validade ou objetividade desejamos discutir. Esses pontos também serão tratados detalhadamente nos próximos capítulos.

RESUMO

Dissemos no início deste capítulo que o argumento de Gettier lança um desafio aparentemente arrasador para a epistemologia tradicional. Seu argumento tem sido assim entendido pelos epistemólogos atuais, alguns dos quais têm procurado complementar a concepção tradicional com outras cláusulas, permitindo resolver o problema. A esse ponto, como já dissemos, vamos voltar no capítulo sobre a epistemologia naturalizada. Por ora, é mais importante apenas compreender os elementos da concepção tradicional de conhecimento como crença verdadeira e justificada.

As análises de Gettier e de Russell, independentemente dos problemas que levantam para a concepção tradicional, põem em destaque tais elementos, em especial, as possíveis formas pelas quais o sujeito pode obter justificação para as opiniões que possui. É assim que, em grande medida, a teoria tradicional do conhecimento busca critérios de justificação. As maneiras mais conhecidas serão discutidas no capítulo sobre as formas de justificação.

Outro aspecto que as análises de Russell e de Gettier põem em evidência ao discutir a concepção tradicional do conhecimento humano é o fato de que, ao conhecermos determinadas coisas, podemos conhecer outras. Em outras palavras, uma forma de ampliar nosso conhecimento consiste em inferir determinadas opiniões ou crenças a partir de outras já dadas. As formas de fazer isso justificadamente serão discutidas detalhadamente no próximo capítulo.

INTRODUÇÃO À EPISTEMOLOGIA

LEITURAS RECOMENDADAS

Os dois textos de Gettier e Russell mencionados neste capítulo são leituras que podem ajudar a aprofundar os temas aqui tratados. O pequeno artigo de Gettier possui diversas traduções que podem ser encontradas na internet. O livro de Russell tem tradução para o português: *Os problemas da filosofia* (2001). Duas leituras complementares seriam as dos textos de Alfred Ayer (1956) e, de Roderick Chisholm, por exemplo, seu livro *Teoria do conhecimento* (1974).[7] Todos esses títulos encontram-se nas Referências bibliográficas, no final deste livro.

ATIVIDADES

Para consolidar o entendimento dos temas tratados neste capítulo, responder por escrito às questões a seguir pode ajudar, assim como escrever de uma a duas páginas sobre cada um dos tópicos indicados.

1. Explique cada uma das três condições do conhecimento apontadas por Gettier.
2. Resuma a argumentação de Gettier contida em seus exemplos.
3. Elabore outro exemplo que também ilustre a mesma argumentação de Gettier.
4. Explique as três categorias apresentadas por Russell.

7　A tradução brasileira é da primeira edição (de 1966), que não analisa detalhadamente o problema de Gettier. A terceira edição do livro (de 1989) analisa o problema de Gettier, mas não está traduzida para o português.

CRENÇA VERDADEIRA E JUSTIFICADA

5. Por que podemos dizer que Russell não apenas antecipou o problema de Gettier, mas também lhe conferiu uma solução?
6. Por que podemos dizer que a solução de Russell é "provisória"?
7. Por que a justificação é um aspecto subjetivo da concepção tradicional de conhecimento?
8. Por que a verdade é um aspecto objetivo dessa mesma concepção?
9. Qual seria a vantagem da formulação linguística da concepção tradicional?
10. Por que essa formulação ainda sustenta a mesma concepção de conhecimento?

Tópico 1: Como distinguir o conhecimento do erro.

Tópico 2: A verdade não depende de nossas convicções.

Veja bem que não se trata de duas perguntas, mas de duas afirmações que podem ser feitas do ponto de vista da epistemologia tradicional, e que podem ser sustentadas e explicadas detalhadamente, que é o que deve ser feito nesta atividade.

2. REALIDADE E FICÇÃO

A CONCEPÇÃO TRADICIONAL de conhecimento como crença verdadeira e justificada, como vimos no capítulo anterior, presume que possamos ter conhecimento de algo sem saber que temos tal conhecimento. Isso se deve ao fato de que, para ser um caso de conhecimento, a crença justificada que o sujeito possui também tem de ser verdadeira. E se a noção intuitiva – aristotélica – de verdade como uma espécie de acordo entre a crença ou opinião e uma instância exterior for mantida, então podemos ter opiniões verdadeiras de cuja verdade não sabemos. Pois elas serão verdadeiras se estiverem de acordo com tal instância exterior a nossas crenças ou opiniões, e tal acordo não depende de nossas crenças ou opiniões. Ele pode acontecer sem que nos demos conta disso.

À primeira vista, essa situação é desconcertante, pois seria natural desejar que também fossem verdadeiras aquelas opiniões das quais temos certeza. Mas a certeza não é um critério indicativo da verdade. De fato, a certeza que temos de algo está associada à justificação que conferimos à crença correspondente, sendo, pois, relativa aos aspectos meramente subjetivos da concepção tradicional de conhecimento, dos quais falamos também no capítulo anterior. A verdade é aquele único aspecto objetivo envolvido em tal concepção de conhecimento. Portanto, certeza e verdade são aspectos inteira-

INTRODUÇÃO À EPISTEMOLOGIA

mente diferentes em relação ao conhecimento humano. Há apenas um tipo de exceção a isso, que comentaremos no início da próxima seção, e que não diz respeito ao conhecimento do mundo. É com relação ao conhecimento do mundo que podemos dizer que certeza e verdade são coisas distintas.

Aquilo de que temos certeza pode, portanto, ser apenas uma ilusão, ser pura ficção. E o que queremos é, afinal, conhecer a realidade. O que queremos, em última instância, é ter opiniões verdadeiras, e não meras convicções, por mais fortes que elas possam ser. Neste capítulo, vamos discutir em que medida a teoria do conhecimento nos permitiria distinguir realidade de ficção. Esse problema, é claro, está intimamente ligado àquele de saber o que podemos conhecer. E esse último, colocado de forma mais direta, pode ser formulado da seguinte maneira: partindo do que nos é dado, de que forma podemos chegar a outros objetos de conhecimento?

PODE HAVER ILUSÕES DOS SENTIDOS?

Como dissemos antes, há apenas um tipo de caso em que a verdade e a certeza coincidem. Isso ocorre com aquelas proposições que são imediatamente compreensíveis – aquelas verdades que a tradição epistemológica denominou "verdades de razão". Consideremos as proposições a seguir:

(1) Todo solteiro é não casado.
(2) O todo é maior que a parte.
(3) Todo triângulo possui três lados.

Ao examiná-las, nos damos conta imediatamente de que são verdadeiras – e temos certeza disso. Mas essas e outras proposi-

40

ções ditas "analíticas" são verdadeiras apenas porque relacionam as palavras utilizadas de maneira apropriada. Ou, em outros termos, essas proposições são como "definições" dos termos. As proposições analíticas não são informativas sobre o mundo. Por exemplo, para saber que alguém "solteiro" é "não casado", não precisamos conhecer pessoas solteiras ou casadas. Mesmo que não haja ninguém não casado no mundo, o significado da palavra "solteiro" continuará a ser o mesmo – enquanto assim a entendermos.[1]

Todos os filósofos, de todos os tempos, perguntam-se se não haveria proposições como essas – cuja verdade seja sabida imediatamente, coincidindo com a certeza – e que sejam também informativas sobre o mundo. Se essas proposições existirem, então elas poderão constituir a base a partir da qual poderemos construir (ou reconstruir) o sistema do saber humano. É possível haver tais proposições "autoevidentes" e informativas sobre o mundo e é possível que as encontremos? Se for, com elas podemos fundamentar o saber humano. Esse é um tópico que será discutido a partir do próximo capítulo, e está ligado ao ponto de vista tradicional em epistemologia que é denominado "fundacionalismo" (ou "fundacionismo").

Contudo, há um aspecto da concepção tradicional de conhecimento que precisa ser discutido antes de entrarmos nas considerações a respeito do fundacionismo. Trata-se da perspectiva solipsista que a epistemologia tradicional adota, também mencionada no capítulo anterior. Como estratégia metodológica, o solipsismo consiste em supor que há apenas um sujeito cognoscente e que, em primeiro lugar, o mundo são suas representações. Para tal sujeito, a questão é então

---

1   Como veremos no último capítulo, de fato, tal como argumenta Quine, há diferentes tipos de proposições analíticas, sendo que "Todo solteiro é não casado" é analítica em virtude da forma como utilizamos os termos "solteiro" e "não casado". Mas essa questão não afeta o ponto aqui discutido.

INTRODUÇÃO À EPISTEMOLOGIA

saber se suas representações, suas crenças sobre o mundo, estão de acordo com o próprio mundo. Mas o solipsismo não é apenas isso. Presume também que o único acesso que podemos ter às coisas que compõem o mundo fora de nossa mente – o mundo exterior – é indireto, e que, diretamente, só temos acesso a nossas próprias representações, ideias, pensamentos, crenças, opiniões, teorias, concepções etc.

Adotando então o solipsismo metodológico, a epistemologia tradicional trata os outros objetos de conhecimento – outras coisas e não aquilo que é dado diretamente ao sujeito – como objetos aos quais precisamos chegar a partir daqueles que nos são dados. Na tradição epistemológica, esses objetos que nos são dados são denominados "dados dos sentidos". A expressão é óbvia em um de seus aspectos, mas não no outro, e por isso merece um esclarecimento preliminar.

Se admitirmos que aquilo que nos aparece pode não ser real, que aquilo que é para um de nós uma representação de algum objeto no mundo pode não possuir o correlato real, como ocorre nos sonhos, por exemplo, então compreendemos o primeiro significado da expressão "dados dos sentidos". Há um famoso argumento de Descartes a respeito dos sonhos, que será comentado no capítulo sobre o racionalismo. Esse argumento pode ser estendido para casos semelhantes, como alucinações, miragens etc. Nesses episódios, o sujeito possui representações, mas, do ponto de vista objetivo, não existe o objeto real correspondente – o objeto físico ou material. Por mais certeza que o sujeito tenha de suas representações, daquilo que lhe é dado naquele momento, ou que lhe aparece, não existe o objeto real correspondente. Essa é outra forma de explicar o ponto pelo qual iniciamos este capítulo, ou seja, a independência da verdade em relação a nossas crenças, opiniões ou representações, e como isso está relacionado com o problema de distinguir ficção de realidade.

Contudo, Descartes e outros autores mais recentes, como Russell, argumentam que não pode haver ilusões dos sentidos, e

REALIDADE E FICÇÃO

isso nos ajuda a compreender o outro significado – menos óbvio – da expressão "dados dos sentidos" para os epistemólogos. Enquanto alguém sonha ou tem uma alucinação, por exemplo, aquilo que lhe aparece é real e inegável. A pessoa não se engana quanto a ter a representação que tem naquele momento. O engano só pode ocorrer quanto à correspondência dessa representação com um objeto real, no mundo exterior. Assim, os dados dos sentidos de um sujeito não se referem aos nossos cinco sentidos (visão, audição, olfato, paladar e tato) por meio dos quais, em termos fisiológicos, somos colocados em contato com objetos fisicamente à nossa volta. Quando os epistemólogos falam de dados dos sentidos, eles estão se referindo, portanto, àquilo de que o sujeito tem consciência, quer isso corresponda a algo existente no mundo exterior, quer não.

Ao adotarmos o solipsismo metodológico, não podemos, num primeiro momento, dizer que nossos cinco sentidos nos colocam em relação com coisas materiais fora de nossa representação mental, pois ainda não sabemos se essas coisas são reais. Mas a representação, enquanto tal, é inegável para o sujeito que a tem. E por isso não são possíveis ilusões dos sentidos, no sentido mencionado, embora, quanto à percepção real de um objeto, os sentidos possam fornecer informações erradas sobre as coisas.

Assim, se não são possíveis ilusões dos sentidos, os dados dos sentidos do sujeito são aquilo com o que ele sempre pode – e deve – começar sua investigação sobre o conhecimento. Mais uma vez, como podemos ver, a questão colocada desse modo pressupõe também o solipsismo metodológico. Os dados dos sentidos do sujeito são certos e, nesse sentido, "reais", já que são inegáveis – para o próprio sujeito. Os outros objetos de conhecimento, que supostamente corresponderiam aos dados dos sentidos do sujeito, é que devem ser investigados.

Ainda que os sentidos possam fornecer informações contraditórias em determinadas circunstâncias, na vida comum – isto é, fora dos sonhos e alucinações –, nossos dados dos sentidos são constantes e coerentes, ao contrário do que ocorre em geral nos sonhos. Esse não é um critério definitivo para distinguirmos o sonho da realidade – pois poderíamos também supor que, ao acordarmos de um sonho, acordássemos "dentro de" outro sonho, e depois de outro, e assim sucessivamente, como se houvesse uma série de sonhos, uns dentro dos outros, como se fossem bonecas russas. Mas, para os propósitos da vida comum, a coerência e a constância de nossos dados dos sentidos fora dos sonhos permitem um critério (ainda que provisório e falível) para distinguirmos o sonho da realidade.

Contudo, do ponto de vista estritamente epistemológico, o caráter estável de nossos dados dos sentidos nos momentos em que supostamente estamos em vigília pode nos levar a duas investigações interessantes. A primeira consistiria em perguntar por aquilo que confere tal estabilidade a nossos dados dos sentidos; a segunda, em perguntar o que podemos fazer com eles, já que, aparentemente, eles são matéria-prima epistemologicamente estável. As duas investigações estão intimamente relacionadas, como veremos. Em ambos os casos, trata-se dos meios pelos quais podemos expandir nosso conhecimento das coisas.

COMO CHEGAR A OUTROS OBJETOS DE CONHECIMENTO

As duas formas pelas quais podemos chegar a outros objetos de conhecimento são por inferência e por construção. Nos dois casos, presumimos que o sujeito possui dados dos sentidos estáveis, isto é, constantes e coerentes. É a partir dos dados dos sentidos estáveis do sujeito que outros objetos de conhecimento podem ser então ou construídos, ou inferidos.

A inferência é o processo mais simples pelo qual chegamos a conhecer outras coisas, além daquelas que já nos são dadas. Por "inferência" estamos indicando aqui um processo de caráter psicológico, e não lógico. Para a lógica, inferir uma proposição de outra consiste em poder sustentar a verdade de uma, dada a verdade da outra. E, para que isso seja feito corretamente, precisamos de formas inferenciais confiáveis, que resultem em argumentos válidos. Mas o processo psicológico pelo qual passamos de uma ideia a outra pode ser levado em consideração independentemente do problema de termos ou não inferências legítimas do ponto de vista lógico.

Quando consideramos uma inferência do ponto de vista psicológico, o que está em questão é o conteúdo das proposições envolvidas, seus significados, e não a forma lógica do argumento que resulta em colocar tais proposições em relação, que é a preocupação da lógica. Assim, a teoria do conhecimento se preocupa com o que, de fato, dizem as proposições que são inferidas de outras. Ou, de maneira mais geral, o epistemólogo quer saber se um objeto de conhecimento nos leva a outro.

Suponhamos que, à noite, ouvimos certos sons do lado de fora da janela do quarto, e que esses sons sejam semelhantes aos que já ouvimos no passado ao vermos um gato, como seu miado, seus arranhões na parede etc. É claro que o que pode estar acontecendo é que um amigo nosso, muito brincalhão, esteja nos pregando uma peça, e tenha colocado uma gravação a tocar do lado de fora da janela, para que pensemos haver ali um gato. Isso pode ser verdade, mas a inferência mais simples a fazer é aquela segundo a qual há um gato real do lado de fora do quarto.

Inferir um objeto a partir de outro é então supor que certos dados ou informações testemunham a existência do objeto inferido.

Como nossas inferências podem estar erradas, obviamente, desejamos ter segurança em fazer a inferência. Isso tem relação com a necessidade de um critério para avaliarmos nossas inferências. Em geral, nossas inferências da vida real são aquelas que se apresentam como "a melhor explicação". Por exemplo, a melhor explicação para os sons que ouvimos do lado de fora da janela do quarto é a existência ali de um gato. Sendo "a melhor", tal explicação não é a única, obviamente. Mas, de qualquer forma, esse seria um bom critério para avaliarmos nossas inferências, ainda que ele seja também provisório e falível.

A busca de tal critério é também uma investigação epistemológica relevante, mas aqui estamos ainda preocupados com o entendimento da própria noção de inferência. Nesse caso, estamos tomando a inferência como o processo pelo qual passamos de certo objeto de conhecimento para outro, independentemente de se tratar de uma boa ou de uma má inferência. É a inferência enquanto tal que nos interessa primeiro. E, nesse aspecto, vemos que fazer uma inferência é presumir a existência de um objeto a partir de poucas informações. Para voltarmos ao mesmo exemplo, os sons típicos de um gato nos levam a supor que, do lado de fora da janela do quarto, há um gato.

Se tomarmos os objetos do conhecimento humano em geral, a partir dos dados dos sentidos, os corpos materiais são aqueles objetos cuja existência primeiro inferimos. A existência de corpos materiais à nossa volta é uma boa explicação – possivelmente a melhor, claro – para o fato de que possuímos dados dos sentidos estáveis a seu respeito. Ou seja, pensar que os objetos materiais são a origem ou causa de nossos dados dos sentidos a seu respeito é uma boa hipótese. Mas, antes de avaliarmos o quanto essa hipótese é boa (ou não), devemos nos dar conta de que ela foi obtida por inferência. A partir de determinados dados dos sentidos, o sujeito infere objetos materiais ou corpos. Se considerarmos os dados dos sentidos como a base do conhecimento do sujeito, então, por inferência, ele poderá acrescentar outro tipo de objeto a seu sistema de cognições, como representamos no diagrama a seguir:

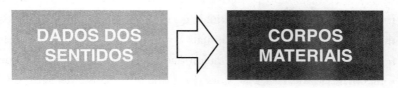

Figura 2.1

A outra forma pela qual podemos chegar a outros objetos de conhecimento é o que alguns filósofos – como Russell e Carnap – denominam "construção" de objetos a partir de determinados objetos já dados. Nesse caso, há dois requisitos que precisam ser preenchidos. Primeiro, é preciso que tenhamos muitos dados para podermos construir um objeto. Segundo, ao contrário da inferência, que é um processo psicológico comum, como vimos, a construção de objetos requer ferramentas lógicas – as chamadas "formas de ascensão", como dizia Carnap.[2] Portanto, temos de ter também um método seguro para construir objetos. Isso faz com que nem sempre possamos construir objetos, obviamente, ou porque não temos o método apropriado, ou porque não temos dados suficientes. Por isso Russell colocou esse ponto apenas como uma possibilidade desejável, por exemplo, na seguinte passagem: "Onde for possível, construções lógicas devem ser postas no lugar de entidades inferidas" (Russell, 1994, p.149).

As construções de que Russell e Carnap falam são "lógicas" no sentido de que os objetos construídos a partir de outros não são considerados reais, isto é, coisas no mundo. Trata-se de uma forma

---

2   O sistema construcional de Carnap será discutido detalhadamente no capítulo sobre o positivismo lógico. Por ora, tomamos apenas a ideia geral, devida a Russell, de construir objetos a partir de outros.

INTRODUÇÃO À EPISTEMOLOGIA

econômica de dizer. Sendo determinados objetos construídos a partir de outros, eles podem ser também "reduzidos" aos primeiros. Em outras palavras, as proposições a respeito, por exemplo, de corpos materiais, devem poder ser traduzidas em proposições sobre os dados dos sentidos do sujeito. Mas é mais cômodo falar de um corpo material do que de uma enorme quantidade de dados dos sentidos que a ele corresponderiam. Isso quer dizer que as proposições a respeito de corpos materiais não possuem um significado que exceda aquele das proposições sobre os dados dos sentidos do sujeito. Por isso podemos dizer que os corpos materiais são "construções lógicas" feitas a partir dos dados dos sentidos.

No caso das inferências, embora possamos fazê-las a partir de um menor número de dados, as proposições sobre o objeto inferido não podem ser inteiramente traduzidas em proposições sobre os dados que permitiram a inferência. Ou seja, do ponto de vista de Russell, o risco de lidar com entidades inferidas é maior que aquele de lidar com construções lógicas. As entidades inferidas são supostamente reais. Mas, por outro lado, as construções lógicas são mais complicadas do ponto de vista epistemológico. O maior risco das inferências está em tomar ficções por coisas reais. E, no caso das construções lógicas, tal risco não existe, já que o objeto construído é apenas logicamente decorrente de outros, e não algo real, que se descobre a partir do que era dado. Apenas o que é dado é real no sentido mais comum do termo.

Assim, no caso de construirmos corpos materiais a partir dos dados dos sentidos, na figura a seguir, representamos graficamente isso de um modo diferente daquele pelo qual tínhamos representado, na figura anterior, a inferência de corpos a partir dos dados dos sentidos.

Notemos bem que, na Figura 2.1, antes, representamos a inferência por uma flecha apenas delineada, e na Figura 2.2, representamos a construção por meio de uma flecha sólida. Além disso, aqui,

48

Figura 2.2

os dois níveis de objetos são representados pela mesma tonalidade de cor, para indicar graficamente a ideia de que é possível traduzir os enunciados sobre os objetos de um nível para enunciados a respeito dos objetos do outro nível, e vice-versa. Na Figura 2.1, ao contrário, o objeto inferido tinha sido representado por um tom mais escuro, para indicar o fato de que nem tudo o que dizemos a seu respeito pode ser traduzido para proposições sobre os dados dos sentidos, a partir dos quais ele foi inferido.

A estratégia de construção de objetos, quando é possível, é vantajosa, como dissemos antes, por representar uma saída evasiva para o problema de distinguir ficção de realidade. Mas, como nem sempre as construções lógicas são possíveis, às vezes, não há maneira de ampliar nosso conhecimento a não ser por meio de inferências. Nesse caso, o problema do critério para separar realidade de ficção permanece, e a epistemologia deve lidar também com ele, como discutiremos a seguir.

Para terminar esta seção, vejamos que outros objetos possíveis de conhecimento haveria para nós. O mundo que nos representamos não é constituído apenas de corpos materiais, mas também de seres vivos, de pessoas, de instituições; e todas essas coisas possuem qualidades. Os seres vivos são também objetos materiais, mas não apenas isso. As pessoas são seres vivos ou biológicos (seres humanos), mas não apenas isso; a elas atribuímos mentes (semelhantes àquela

INTRODUÇÃO À EPISTEMOLOGIA

do sujeito tomado como referência do sistema de cognições). As instituições são constituídas de pessoas, mas não apenas isso; a elas atribuímos finalidades próprias. E, assim como os corpos materiais apresentam cores (por exemplo, alguns são brancos), os seres vivos podem ser rápidos ou lentos; as pessoas, boas ou más; as instituições, justas ou injustas; e assim por diante. A brancura, a rapidez, a bondade, a justiça etc. são qualidades dessas coisas, respectivamente. Essas qualidades são o que os filósofos denominam "universais".

Então a questão é se, para além de todas essas coisas que possuem tais qualidades, os universais também existem; e, caso existam, se podem ser conhecidos. Nos casos de todos esses objetos de conhecimento, o problema é se estamos diante de objetos reais, que, de fato, conhecemos, ou se eles não seriam ficções, mesmo que sejam ficções úteis para organizar o mundo que nos representamos. Somam-se a isso os fatos ou acontecimentos que não são presentes, os do passado e do futuro, que também não são dados ou imediatos, e cujo conhecimento também almejamos. Os fatos passados, já tendo ocorrido, são apenas testemunhados pela memória. E os fatos futuros são apenas nossas expectativas.

CONHECIMENTO DIRETO E INDIRETO

Os dados dos sentidos são conhecidos diretamente pelo sujeito, e por isso são reais e incorrigíveis como aquilo que é atual ou dado ao sujeito. Para Russell, os objetos que podem ser conhecidos diretamente são casos de conhecimento por familiaridade, a que se opõe o que ele denominava "conhecimento por descrição".[3]

---

3   Russell trata dessa distinção no texto "Knowledge by Acquaintance and Knowledge by Description" (Russell, 1994, p.200-21), "Conhecimento por familiaridade e

REALIDADE E FICÇÃO

O conhecimento por familiaridade é o conhecimento direto, quando presenciamos algo. Assim, por exemplo, podemos dizer que conhecemos uma pessoa ou um lugar, porque já estivemos com tal pessoa ou estivemos em tal lugar. Mas também podemos ter conhecimento dessa pessoa ou desse lugar porque alguém nos faz deles uma descrição; e esse tipo de conhecimento é, portanto, indireto.

Para Russell, assim como para outros filósofos, o ponto importante consiste em saber de que coisas podemos ter conhecimento direto ou por familiaridade. Sobre os outros objetos de conhecimento que mencionamos no final da seção precedente, há discordâncias; e o próprio Russell, em diferentes momentos, tomou posições diferentes a respeito deles. Mas, de qualquer forma, para todos aqueles que adotam o solipsismo metodológico, os dados dos sentidos do sujeito são sempre objetos de conhecimento direto.

Além disso, inferir ou construir outros objetos de conhecimento, além dos dados dos sentidos, é uma boa estratégia epistemológica, pois, se tivermos também em nosso sistema de cognições corpos materiais e outras mentes (outras pessoas), por exemplo, poderemos então ampliar "por descrição" nosso conhecimento do mundo. O testemunho das outras pessoas torna-se também uma fonte de informação para o sujeito.

Devemos prestar atenção ao fato de que se o solipsismo metodológico for tomado estritamente e se as únicas cognições que servem de conhecimentos básicos ou primitivos do sujeito forem seus dados dos sentidos, então para que também tenhamos como objetos de conhecimento as outras pessoas (ou outras mentes), será preciso primeiro termos os corpos materiais como objetos de conhecimento. A razão disso é que, para o solipsismo metodológico,

---

conhecimento por descrição", traduzido no vol. *Russell* da Coleção Os Pensadores). Russell trata do mesmo assunto em *Os problemas da filosofia* (2001, Capítulo 5).

não temos acesso direto à mente das outras pessoas – o único acesso direto do sujeito é a seus próprios dados dos sentidos. Sabemos do que se passa na mente das outras pessoas somente se elas nos disserem. Mas, para que elas nos digam isso, é preciso haver um processo físico de transmissão da informação, o que pressupõe a existência de objetos físicos, obviamente.

Além disso, ao admitirmos a existência de outras pessoas – ou outras mentes –, podemos ampliar a "população" do mundo que conhecemos, por assim dizer, incluindo aí todos os fatos que não presenciamos, inclusive os fatos passados. Por exemplo, sabemos da existência de Napoleão, ou de César, ou de Platão e Aristóteles porque há linhas ininterruptas de testemunho sobre esses personagens do passado. Aqueles que os conheceram por familiaridade o testemunham a outros, que não os conheceram daquele modo, mas que podem então conhecê-los "por descrição". Esses, por sua vez, também testemunham para outros indivíduos e assim por diante, até que a informação sobre aqueles personagens chegue a um de nós no presente.

É claro que todo nosso conhecimento da história mais remota depende desse tipo de forma de passar a informação, por meio de linhas ininterruptas de testemunho. Mas isso pressupõe a existência também de instituições, que também podem ser acrescentadas ao mundo conhecido pelo sujeito após os corpos materiais e as outras pessoas. As instituições, como sabemos, existem efetivamente (e não apenas como abstração) como estruturas que envolvem as pessoas que a elas pertencem, determinando o seu comportamento. A existência de instituições implica certa diferença na relação entre conhecimento por descrição e conhecimento por familiaridade. Vejamos.

Um primeiro tipo de caso se dá quando uma pessoa que conhece alguém, alguma coisa ou algum lugar por familiaridade dá seu testemunho para outra pessoa que, então, passa a conhecer por descrição essas coisas. Um caso diferente é aquele em que essa pessoa que conhece tais coisas já por descrição, por sua vez, testemunha também, permitindo que uma terceira pessoa as conheça, e ela vai conhecê-la, igualmente, por descrição, como a segunda. É óbvio que a possibilidade de erro é maior nesse segundo caso do que no primeiro. Em princípio, a confiabilidade do testemunho de quem tem conhecimento por familiaridade é maior do que aquela do testemunho de quem conhece algo por descrição. As linhas de testemunho de que falamos anteriormente se iniciam pelo primeiro caso (familiaridade ⇒ descrição) e prosseguem com o segundo tipo de caso (descrição ⇒ descrição). Que papel as instituições podem desempenhar nelas?

As instituições desempenham o papel de ajudar a evitar o erro e de conferir credibilidade às linhas de testemunho. E de que maneira elas fariam isso? Uma primeira instituição que intervém no processo de uma linha de testemunho é a própria língua falada pelos indivíduos. Isto é, trata-se da compreensão coletivamente compartilhada dos significados envolvidos na comunicação que se faz nessa língua. Em segundo lugar, como muitas vezes as linhas de testemunho envolvem a passagem de uma língua para outra, o testemunho também depende da confiabilidade das traduções, o que também é amparado institucionalmente por meio da compreensão coletiva das melhores formas de traduzir de uma língua para a outra. Por fim, os próprios critérios gerais para avaliar a confiabilidade dos testemunhos são conferidos também institucionalmente. Por exemplo, os historiadores compartilham critérios para avaliar a confiabilidade da consulta a documentos antigos, a relatos feitos por testemunhas etc.

Em suma, a própria viabilidade de uma linha de testemunho depende de instituições, que, por sua vez, como dito anteriormente, dependem de existirem outras pessoas no mundo conhecido pelo sujeito. Ao adotarmos então o solipsismo metodológico, a própria distinção entre conhecimento direto (por familiaridade) e indireto

INTRODUÇÃO À EPISTEMOLOGIA

(por descrição ou testemunho) depende da possibilidade de, a partir dos dados dos sentidos do sujeito, ou inferirmos, ou construirmos outros objetos de conhecimento, tal como corpos materiais, outras pessoas e instituições. A questão que então deve ser discutida é a respeito da legitimidade de inferir ou de construir esses outros objetos de conhecimento.

REAL E FICTÍCIO

Ao adotarmos o solipsismo metodológico, o problema da existência ou realidade de objetos não é colocado da mesma forma que o tema é tratado na metafísica ou ontologia,[4] e depende de estarmos falando ou de inferências, ou de construções.

No caso de falarmos de inferências, importa saber se determinado objeto é ou não real no mundo, e isso envolve diretamente questões metafísicas ou ontológicas.

No caso de tratarmos do sistema de objetos construídos pelo sujeito a partir de seus dados dos sentidos, "reais" são aqueles objetos de conhecimento que podem ser construídos em seu sistema de cognições. Portanto, o que é fictício, nesse caso, é aquilo que não tem lugar no sistema. Mas é claro que se, para além da perspectiva solipsista – que é adotada apenas metodologicamente –, desejarmos que as cognições do sujeito "representem" a realidade, então o problema da existência ou realidade de determinados objetos de conhecimento servirá também às discussões metafísicas ou ontológicas. Também

---

4   Hoje é comum utilizar os termos "metafísica" e "ontologia" indistintamente, havendo preferência pelo segundo. Tradicionalmente, contudo, a metafísica se subdividia em ontologia, psicologia, cosmologia e teologia racional (ou teodiceia).

se colocará então o problema da correspondência entre o sistema de cognições, tomado como um todo, e a realidade.

Assim, a relação entre o problema estritamente epistemológico e o problema metafísico é muito mais evidente no caso de falarmos de inferências de um objeto a partir de outro. A separação dos dois problemas é mais fácil se falamos de construções de determinados objetos a partir de outros. Por isso Russell insistia na máxima, citada anteriormente, dizendo que as construções lógicas são preferíveis às entidades inferidas. O risco de tomar por real algo que é apenas fictício é maior no caso das inferências, exatamente porque são feitas a partir de poucos dados, ao passo que as construções lógicas são possíveis quando temos muitos dados.

Quando passamos dos dados dos sentidos do sujeito para os corpos materiais, e depois desses para outras pessoas, até mesmo fazer inferências não parece algo muito arriscado, uma vez que há grande "estabilidade" (coerência e constância, como dito antes, neste capítulo) dos dados dos sentidos em relação a corpos materiais, do comportamento de alguns desses (os organismos humanos) em relação a pessoas e do comportamento das pessoas em relação a instituições. Mas, de fato, à medida que prosseguimos nessa sequência, a estabilidade torna-se menor a cada passo. Ou seja, há mais exceções no caso do comportamento das pessoas do que no caso do comportamento dos corpos materiais. A coerência e a constância dos dados são menores num caso do que no outro.

O critério que poderia então ser apresentado para distinguirmos ficção de realidade teria relação, assim, com o grau de estabilidade dos dados que permitem as inferências ou construções, isto é, a passagem de um tipo de objeto para o outro. Mas o grau de estabilidade depende, por sua vez, da própria quantidade de dados a respeito dos objetos de um tipo. Em outras palavras, quanto mais dados tivermos sobre o comportamento dos objetos de certo tipo, mais segura será a passagem desse tipo de objeto para outro, isto é, mais segura será a inferência, por exemplo. Como no caso das construções lógicas sempre temos que ter mais dados, a passagem é, obviamente, mais segura. Por isso, como dizia Russell, corremos mais riscos de tomar o fictício por real quando inferimos uma entidade de outra do que quando construímos um objeto a partir de outro.

RESUMO

Dissemos no início deste capítulo que a certeza não é um critério para a verdade. A certeza é subjetiva, a verdade é objetiva, pois depende da relação entre nossas opiniões e o mundo. Embora os dados dos sentidos do sujeito sejam certos e incorrigíveis, a correspondência entre eles e possíveis objetos no mundo exterior são um problema para a epistemologia tradicional. Assim, devemos tratar do problema de distinguir realidade de ficção.

A partir dos dados dos sentidos do sujeito, podemos chegar a outros objetos de conhecimento ou por inferência, ou por construção. Fazer inferências é mais fácil, porém mais arriscado. Construir um objeto a partir de outros é mais difícil, inclusive porque envolve ferramentas lógicas; no entanto, é mais seguro.

Apontamos três diferentes critérios, todos provisórios e falíveis, mas que podem auxiliar em nossas tentativas de distinguir realidade de ficção:

(1) o critério da estabilidade dos dados dos sentidos,
(2) o critério da melhor explicação, e
(3) o critério do grau de estabilidade.

Esses critérios são úteis, mas não podem resolver completamente o problema, porque o próprio problema da distinção entre realidade e ficção ultrapassa os limites da epistemologia, envolvendo também temas metafísicos.

LEITURAS RECOMENDADAS

Os textos de Russell mencionados neste capítulo são importantes para o aprofundamento desses temas, a saber: "Conhecimento por familiaridade e por descrição" (1980) e o Capítulo 5 de *Os problemas da filosofia* (2001). Nas referências bibliográficas deste livro, há dados completos a respeito de ambos os textos.

ATIVIDADES

Para consolidar o entendimento dos temas tratados neste capítulo, responder por escrito às questões a seguir pode ajudar, assim como escrever de uma a duas páginas sobre cada um dos tópicos indicados.

1. Por que a certeza não é um critério para a verdade de uma opinião?
2. O que significa a expressão "dados dos sentidos"?
3. Por que não pode haver ilusões dos sentidos?
4. Por que, embora provisório e falível, o critério de estabilidade dos dados dos sentidos é útil para distinguirmos sonho de realidade?
5. Em que consiste inferir um objeto de outro?
6. Por que, embora também seja provisório e falível, o critério da melhor explicação é útil para avaliarmos nossas inferências?

INTRODUÇÃO À EPISTEMOLOGIA

7. Em que consiste construir um objeto a partir de outro?
8. Por que o risco de lidar com entidades inferidas é maior do que aquele de lidar com construções lógicas?
9. Por que a própria distinção entre conhecimento por familiaridade e conhecimento por descrição depende da possibilidade de inferir ou construir outros objetos a partir dos dados dos sentidos do sujeito?
10. Por que o grau de estabilidade dos dados dos sentidos seria um critério para distinguir realidade de ficção?

Tópico 3: Mesmo nos sonhos, os dados dos sentidos do sujeito são incorrigíveis.

Tópico 4: Construir um objeto é metafisicamente menos arriscado, porém, epistemologicamente, mais difícil, que inferir uma entidade.

Veja que não se trata de duas perguntas, mas de duas afirmações que podem ser feitas com base nas teorias tratadas neste capítulo e podem ser sustentadas e explicadas detalhadamente, que é o que deve ser feito nesta atividade.

3. FORMAS DE JUSTIFICAÇÃO

NOS CAPÍTULOS ANTERIORES, discutimos alguns dos aspectos da concepção tradicional de conhecimento como crença verdadeira e justificada e mencionamos o problema de saber se poderia haver proposições autoevidentes e informativas sobre o mundo. Se tais proposições existirem, elas serão objeto de certeza da parte do sujeito do mesmo modo que as proposições analíticas. Nesse caso, haveria objetos de conhecimento direto que permitiriam fundamentar nosso conhecimento de quaisquer outros objetos. A forma mais forte desse tipo de garantia que determinadas cognições dariam a outras é a posição denominada "fundacionalismo" ou "fundacionismo".[1] A ideia básica dessa doutrina é que podemos justificar completamente determinadas cognições. De modo geral, qualquer enfraquecimento dessa doutrina – mesmo ainda defendendo que, em algum grau, é possível justificar determinadas cognições, embora não completamente – seria um passo na direção do falibilismo. O falibilismo completo é o ceticismo. Entre as formas mais fortes de fundacionismo e o ceticismo, há diferentes graus de justificacionismo.

---

1   O termo "fundamentalismo" também tem sido utilizado algumas vezes. Em virtude de sua conotação distintamente religiosa, contudo, os dois outros termos que empregamos no texto são preferíveis a esse.

INTRODUÇÃO À EPISTEMOLOGIA

Todavia, no sentido em que estamos dando ao termo aqui, o justificacionismo não é a única alternativa em epistemologia. Justificar uma cognição é mais forte que explicá-la, o que, por sua vez, é ainda mais forte que descrevê-la. O mesmo vale dizer para o domínio da ação humana, e o paralelo com esse domínio pode nos ajudar a perceber mais facilmente a diferença entre as diversas formas de entendimento. Suponhamos que uma pessoa aja de um modo que, normalmente, não consideramos correto. Por exemplo, suponhamos que ela roube um objeto na casa de um amigo. Em tal circunstância, seria normal desejarmos entender o que aconteceu. Algumas das diferentes hipóteses são as seguintes:

(1) A pessoa roubou o objeto porque estava em situação financeira muito difícil, e percebeu que seu amigo não teria grande prejuízo, já que é rico.

(2) A pessoa roubou o objeto porque tem problemas psicológicos; ela é cleptomaníaca.

(3) A pessoa roubou o objeto, colocando-o em sua bolsa.

A alternativa (1) oferece uma "justificação" (ainda que questionável do ponto de vista moral) para a ação daquela pessoa que roubou seu amigo; a alternativa (2) apresenta uma "explicação" para sua ação; e a alternativa (3) faz apenas uma "descrição" do acontecimento. Cada uma a seu modo, as três alternativas contribuem para o entendimento do que ocorreu. Mas é claro que, dependendo do interesse que temos, uma ou outra delas será mais relevante. Se quisermos apenas um relato do que aconteceu, a alternativa (3) bastará. Mas se quisermos saber o que levou aquela pessoa a agir daquele modo, as alternativas (1) e (2) é que parecerão apropriadas. Mas, mesmo entre essas duas, há diferenças. A alternativa (2) trata o assunto como um problema de saúde, ao passo que a alternativa (1) procura dar uma justificação para uma ação normalmente tida como errada dos pontos de vista moral e social. A alternativa (2) aponta uma "causa" para o comportamento daquela pessoa, enquanto a alternativa (1) aponta uma "razão" para tal comportamento.[2]

Os mesmos tipos de alternativa podem ser encontrados no domínio da teoria do conhecimento. Podemos querer uma justificação para nossas cognições, e então o fundacionismo ou outras formas mais fracas de justificação entram em cena. Ou então podemos querer apenas uma explicação para nossas cognições, e então podemos apelar para uma explicação de caráter psicológico também aqui. Preferir ou contentar-se com explicações em vez de justificações é uma atitude tipicamente falibilista, e também pode vir em graus. Por fim, se nos contentamos com uma descrição, ou mesmo se consideramos que apenas isso pode ser feito, temos a atitude mais falibilista e mais distante do fundacionismo. O ceticismo, que já mencionamos, encontra-se aqui, mas não é a única posição falibilista de importância para a epistemologia. O naturalismo é outra posição falibilista e descritivista, e dele vamos tratar no último capítulo, uma vez que essa doutrina envolve uma discussão também a respeito da epistemologia como disciplina ou área do conhecimento humano. As outras posições mencionadas serão discutidas neste capítulo.

Pelos comentários anteriores, percebe-se que fundacionismo, falibilismo, justificacionismo, descritivismo, ceticismo etc. podem ser todos compreendidos como "atitude" ou como "doutrina". As

---

2   Na filosofia moral e na filosofia da ação, é importante distinguir as *causas* de uma ação de suas *razões*. A ideia defendida por muitos autores é que o agente tem controle sobre suas razões para agir, enquanto, normalmente, não tem controle das causas que o levam a agir, muitas vezes, contra sua vontade. O tema é, obviamente, controvertido, e não precisa ser discutido aqui. Mas, como o restante deste capítulo mostrará, há um problema epistemológico semelhante a esse.

teorias do conhecimento que estudamos, em geral, misturam as duas coisas, ou seja, adotam determinada atitude e, ao mesmo tempo, defendem uma doutrina. A diferença está em afirmar teses sobre o conhecimento humano, ou então em apenas querer encontrar tais teses. Por exemplo, um autor pode tomar o fundacionismo como atitude, e dirigir sua investigação para a busca de cognições autoe-videntes e informativas sobre o mundo, cognições que possam fundamentar outras. Mas tal autor pode não chegar a defender teses que demonstrem a correção dessa atitude, teses que apresentem as cognições autoevidentes que ele procurava. Ele pode não encontrá--las e, mesmo assim, continuar investigando segundo aquela mesma maneira adotada. Nesse caso, teremos um fundacionista apenas de atitude e não de doutrina.

A distinção entre atitude e doutrina é mais importante para compreendermos o caso do ceticismo e para afastarmos a noção ingênua de que o cético defende a doutrina segundo a qual nada pode ser conhecido. O ceticismo é tipicamente uma atitude, e não a defesa de teses sobre o conhecimento humano.

CONTEÚDO E MÉTODO

O fundacionismo é a primeira posição que encontramos de Descartes a Kant no desenvolvimento histórico da epistemologia. Essa posição envolve dois elementos distintos. Além de apontar – ou tentar apontar – os conhecimentos autoevidentes que podem fundamentar outros, os fundacionistas precisam apresentar um método confiável que permita a passagem de certos conhecimentos a outros. Em parte, esse ponto foi discutido no capítulo anterior, mas não em seu envolvimento direto com a posição fundacionista, que lá mencionamos.

FORMAS DE JUSTIFICAÇÃO

Todavia, além de um fundacionismo de método e do fundacionismo de conteúdo, essa posição também pode ser tomada de duas formas distintas, que podemos denominar "fundacionismo formal" e "fundacionismo material". O fundacionismo formal insiste na estrutura básica da justificação que devemos apresentar para as cognições, isto é, insiste na ideia de que há uma base constituída de conhecimentos autoevidentes (ou objetos básicos de conhecimento), e que os demais objetos são justificados a partir de tal base. Como também vimos no capítulo anterior, as maneiras de chegar aos demais objetos são a inferência e a construção. O fundacionismo material, por sua vez, aponta determinada base como a única a ser utilizada.

Por exemplo, Descartes e Kant são filósofos ligados ao fundacionismo material, como veremos nos capítulos em que examinaremos suas teorias, ao passo que Carnap, por sua vez, defende uma forma de fundacionismo formal, como veremos no capítulo sobre o positivismo lógico. Para Descartes e Kant, a filosofia deve descobrir e apontar a base que justifica completamente determinados conhecimentos. Para Carnap, é preciso sempre haver uma base, mas ela pode variar. O importante é que os objetos de conhecimento dos níveis que ele denomina "superiores" sejam construídos a partir de objetos básicos, e, portanto, que aqueles objetos possam também ser reduzidos a esses.[3]

O método discutido no capítulo anterior – de alcançar os objetos de conhecimento por meio de construções lógicas – está ligado ao fundacionismo formal. Podemos tomar os dados dos sentidos do sujeito como objetos básicos, e construir a partir deles os outros tipos de objetos, a saber: corpos materiais, outras mentes, instituições etc. Mas, de fato, em nosso sistema de cognições, poderíamos tomar qualquer tipo de objeto como primitivo e construir os

---

3   Cf. Carnap (1969b).

INTRODUÇÃO À EPISTEMOLOGIA

outros a partir desses objetos tomados como básicos. Os dados dos sentidos não são os únicos objetos que podem constituir a base do sistema. A escolha de uma base está na dependência de estarmos de posse também do método apropriado para, a partir daquele tipo de objeto escolhido como básico, podermos alcançar os outros objetos de conhecimento. Assim, vemos que a escolha de um método não pode ocorrer independentemente da escolha da base, e vice-versa.

Por exemplo, como vimos no capítulo anterior, podemos tomar a existência de corpos como a melhor explicação para a estabilidade de nossos dados dos sentidos, assim como podemos tomar a existência de outras mentes como a melhor explicação para o comportamento também uniforme de determinados corpos (os organismos humanos), e assim por diante. Ou seja, a melhor explicação é então o núcleo do método para chegar a outros objetos de conhecimento a partir dos objetos básicos do sistema, que são os dados dos sentidos. Em certa medida, a melhor explicação é uma alegação de justificação. Um método mais forte, obviamente, seria aquele da "única explicação". Como veremos no capítulo sobre o racionalismo, Descartes utiliza o método da única explicação, conferindo a determinadas cognições uma justificação muito mais forte. O método da única explicação é um método possível para Descartes em virtude das restrições que ele faz na escolha da base de seu sistema.

Poderíamos nos perguntar se o fundacionismo formal não seria apenas um modo mais fraco de justificacionismo, já que admite diferentes bases e diferentes métodos para justificar determinadas cognições a partir de outras. Essa seria também uma forma de descrevê-lo, mas talvez o seja exatamente porque esse tipo de fundacionismo põe em evidência prioritariamente a atitude fundacionista, embora defenda também teses metodológicas gerais sobre a justificação. O fundacionista formal pode parecer liberal quanto à escolha da base e do método porque, de fato, ele se concentra em um aspecto mais importante da justificação, a saber, que toda cognição deve receber uma justificação satisfatória e que deve fazer parte de um sistema de cognições. Não há, portanto, nenhum liberalismo nessa posição, e sim a exigência de justificação total para os objetos de conhecimento que farão parte do sistema, embora tal justificação última possa ser feita de diferentes maneiras, isto é, adotando diferentes bases e métodos. Como veremos no capítulo no qual examinamos a doutrina de Carnap e dos positivistas lógicos, esse tipo de fundacionismo está associado ao verificacionismo,[4] pelo menos no primeiro período da obra de Carnap, embora, mais tarde, possamos encontrar elementos não fundacionistas em sua filosofia do conhecimento.

SISTEMAS DE COGNIÇÕES

A ideia de que nossas cognições devem fazer parte de um sistema – e que, portanto, não pode haver contradições entre as cognições que ganham lugar no sistema – já constitui uma forma de justificacionismo, embora possa ser falibilista. A atitude envolvida é falibilista por admitir que a justificação que determinadas cognições dão para outras não é última nem inquestionável. Essa é a posição conhecida como "coerentismo" ou teoria da coerência. Mas, por sua vez, o coerentismo ainda é uma posição muito forte, porque insiste na ideia de que todo objeto de conhecimento deve fazer parte de um sistema, ainda que não haja entre tais objetos alguns que seriam

---

4   O verificacionismo, em geral, como veremos no capítulo sobre a posição de Carnap, é a doutrina segundo a qual qualquer proposição ou é autoevidente, ou deve ser verificada, para poder ser admitida como significativa e informativa sobre o mundo. Essa posição é sustentada por Wittgenstein (2001) e por Russell em seus escritos das primeiras décadas do século XX. Esses dois autores influenciaram os positivistas lógicos profundamente.

INTRODUÇÃO À EPISTEMOLOGIA

apontados como básicos. Se quisermos ir além na direção apontada pelo falibilismo, podemos conceber também a ideia de que nem todas as nossas cognições podem ganhar lugar em um sistema unificado, e nem por isso elas vão deixar de ser tidas como relevantes e informativas sobre o mundo. A ideia de sistema de cognições é, pois, uma noção justificacionista que pode ser desafiada. Ela o é, por exemplo, por céticos e naturalistas, como veremos nas próximas seções.

O coerentismo está ligado à noção de que o conhecimento humano pode ser conduzido à unidade, assim como sustenta o fundacionismo. Ao falarmos de um sistema de cognições ou de proposições, estamos falando da unificação dessas proposições ou cognições. Por trás dessa doutrina, pode estar a noção de que o conhecimento é opinião verdadeira e justificada. Mas, nesse caso, tanto a verdade quanto a justificação decorrem do fato de que uma opinião (ou crença, ou proposição) pode tomar parte em um sistema. E poderá tomar parte no sistema, obviamente, se não entrar em conflito com outras cognições já nele incorporadas. Há aqui também uma espécie de acordo, mas trata-se de um acordo entre a proposição (ou opinião) e a classe estruturada de proposições (ou opiniões) que fazem parte do sistema, proposições que já constituem uma totalidade coerente.[5]

O ponto que é fundamental, todavia, é aquele que diz respeito à própria possibilidade de conferir unidade a nossas crenças ou opiniões. Nem sempre as opiniões das pessoas comuns são consistentes umas com as outras. É razoável, portanto, esperar que uma pessoa de inteligência normal e de bom senso sustente apenas opiniões consistentes umas com as outras, e que possam, assim, ser incorporadas

---

5   O coerentismo como teoria da justificação está ligado ao coerentismo como teoria da verdade. Trata-se de uma teoria da verdade que se opõe ao correspondentismo e interpreta o acordo da forma como comentamos antes. Para mais detalhes sobre essa e outras teorias da verdade, cf. Dutra (2001, Capítulo 1) e ainda o livro de Haack (1978, Capítulo 7).

66

FORMAS DE JUSTIFICAÇÃO

em um sistema unificado. Mas não é certo que isso sempre aconteça. Nenhum de nós pode garantir isso nem de si mesmo. Qualquer um de nós pode, a qualquer momento, perceber que sustenta opiniões que talvez não sejam exatamente contraditórias, mas que são de alguma maneira pelo menos conflitantes umas com as outras.[6]

A não ser que imaginemos haver uma extraordinária capacidade do entendimento humano de eliminar automaticamente quaisquer opiniões conflitantes com aquelas que ele já possui e que são verdadeiras e justificadas, coisa na qual ninguém acredita – e, por isso mesmo, todos se sentem motivados pela epistemologia –, não podemos ter qualquer garantia de que uma coleção de opiniões de uma pessoa seja um sistema consistente. Assim, a posição mais razoável que os defensores da teoria da coerência podem sustentar é aquela segundo a qual podemos – e devemos – conduzir nossas opiniões ao estado de um sistema coerente.

Ora, para isso, como indicamos antes, é preciso haver algumas opiniões verdadeiras e justificadas. Se fosse o caso de tomarmos a noção tradicional e correspondentista de verdade, a tarefa pareceria impossível, a não ser que pudéssemos partir de proposições autoevidentes e informativas sobre o mundo – o que os defensores da coerência também negam. Mas, como para eles a verdade é apenas o acordo entre uma proposição e um sistema existente, no caso limite, o acordo entre duas proposições já é o embrião de um sistema do conhecimento humano unificado. A tarefa que então permanece é

---

6   As opiniões ou proposições *contraditórias*, segundo o entendimento da lógica clássica, são aquelas que não podem ser nem verdadeiras, nem falsas, ao mesmo tempo. Se uma delas for verdadeira, a outra será falsa, e vice-versa. Diferentemente, duas opiniões *contrárias* não podem ser verdadeiras ao mesmo tempo, podendo, contudo, ser falsas ao mesmo tempo. Assim, pode haver conflito desse tipo entre duas proposições ou crenças.

apenas aquela de encontrar um método que permita incorporar novas proposições a tal sistema.

À primeira vista, esse método também não é algo tão complicado de alcançar, pois, como vimos, o que é preciso fazer para incorporar uma proposição a um sistema é apenas averiguar se não há conflito entre tal proposição e outras que já fazem parte do sistema. Mas, à medida que temos um sistema maior, que engloba um grande número de proposições, essa tarefa também se revela muito difícil. A saída seria ter proposições em situação privilegiada, por exemplo, proposições básicas das quais as outras decorressem.

Todavia, essa é uma ideia rejeitada pela teoria da coerência. Para os coerentistas, não há proposições (mais) básicas, e toda proposição pode servir de apoio direto ou indireto para outras que também fazem parte no sistema. Alguns autores contemporâneos, como Quine – autores que têm simpatia por essa abordagem –, propõem uma solução alternativa para o problema. Para esses autores, cujas ideias sobre a epistemologia naturalizada discutiremos no último capítulo, no sistema do saber humano, há partes "mais centrais", embora não sejam exatamente cognições mais básicas, nem cognições intocáveis. Por exemplo, as verdades da lógica clássica seriam a parte mais central do saber humano, e seria mais difícil revisá-las do que, por exemplo, revisar as cognições ligadas à experiência sensorial. Mas, em princípio, todo conhecimento poderia ser revisado, isto é, poderia ser excluído do sistema, se fosse o caso.

Entretanto, como apontam os críticos de Quine a esse respeito – entre eles, em especial, Donald Davidson –, é muito difícil sustentar essa posição sem presumir que há certa "estrutura" do sistema do saber humano. E, fatalmente, o conhecimento de tal estrutura, se possível, não deixaria de ser um conhecimento mais básico que outros.

Quine sustenta suas ideias aqui mencionadas em alguns de seus artigos, por exemplo, "Two Dogmas of Empiricism" (Dois dogmas do empirismo) (1953), no qual ele critica a doutrina de positivistas lógicos como Carnap, e argumenta em favor do que ele denomina "empirismo sem dogmas". Davidson, por sua vez, fala de um terceiro dogma (o dogma da distinção entre forma e conteúdo) que ainda seria mantido por Quine.[7]

Curiosamente, contudo, outro positivista lógico, Otto Neurath, sustenta uma teoria da coerência, sendo mesmo o inspirador de Quine. É devida a Neurath a famosa metáfora que Quine tanto utilizou, segundo a qual o conhecimento humano deve ser reformado como um barco enquanto navega, não podendo ser conduzido a uma doca seca, como gostariam os fundacionistas. A metáfora é antifundacionalista, mas ainda é também justificacionista ao modo da teoria da coerência.

O coerentismo como teoria da verdade recebeu diversas críticas de correspondentistas, como as de Russell (2001). Segundo ele, essa teoria não permite distinguir ficção de realidade. E essa crítica pode ser estendida ao coerentismo como teoria da justificação, pois, em princípio, poderíamos conduzir quaisquer sistemas de cognição ao estado de um sistema coerente, e nem por isso poderíamos dizer que se trata de um sistema de conhecimento genuíno. Mas é claro que tal crítica, além de pressupor a teoria da verdade como correspondência, também pressupõe a noção tradicional de conhecimento como crença verdadeira e justificada, interpretada em viés fundacionista.

Contudo, a crítica de Davidson a Quine, que mencionamos anteriormente, pode ser feita independentemente desses pressupostos, pois ela se dirige diretamente à ideia de sistema. Se há um siste-

---

7   Os dois dogmas de que trata Quine são os da analiticidade e do reducionismo, que são elementos da forma de fundacionismo apresentada por Carnap, como veremos nos capítulos sobre o positivismo lógico e sobre a epistemologia naturalizada. Davidson apresenta sua crítica no texto "On the Very Idea of a Conceptual Scheme" (1984).

ma de cognições ou proposições, então é forçoso pensar que essas coisas estão agrupadas segundo alguma "forma" ou "estrutura". Ora, ou tal estrutura é algo que se impõe espontaneamente, pelo mero funcionar do entendimento humano, ou é uma forma que projetamos e segundo a qual conduzimos a construção de nosso sistema de cognições. Assim, não nos livramos da ideia de que, de um modo ou de outro, a "forma" do sistema pode também ser um objeto de conhecimento. E, logo, temos aí um conhecimento mais fundamental que outros.

O que essa crítica mostra, afinal, é que a ideia coerentista de sistema – que, via de regra, está associada a uma posição falibilista, como as de Quine e de Neurath – ainda é uma ideia fortemente justificacionista. Não podemos construir um sistema de cognições independentemente de um método que se baseie em uma forma projetada do sistema. Por que duas proposições quaisquer podem ser comparadas e como, de modo que sejam o embrião de um sistema, isso só é possível saber se tivermos um critério que nos indique o que nelas deva ser comparado. A crítica mostra que, em última instância, nesse sistema, já há um elemento previamente incluído.

Além disso, como discutiremos adiante, não temos nenhuma garantia de que nossas cognições possam ser conduzidas à unidade. A unidade do conhecimento humano é um pressuposto que está acima de qualquer conteúdo particular dado, de qualquer uma das proposições ordinárias que possam ser incluídas no sistema. A ideia de unidade do saber tem necessariamente que ser uma ideia mais primitiva desse empreendimento. O princípio de unidade do saber ou do conhecimento humano é uma tese a ser demonstrada e não uma verdade autoevidente.

FORMAS DE JUSTIFICAÇÃO

O MUNDO FRAGMENTADO

O fundacionismo é uma forma de justificação que nos oferece um mundo completo e hierarquizado. O coerentismo é uma forma aparentemente mais fraca de justificação, pois nos apresenta um mundo que pode não ser completo nem possuir hierarquia – e a distinção entre objetos de conhecimento mais básicos e outros deles derivados. Mas o coerentismo, como vimos, ainda nos oferece um mundo unitário e organizado, ou pelo menos adota a atitude segundo a qual essa unidade deva ser buscada. Outras formas de encarar o saber humano podem ser ainda mais falibilistas e nos apresentar um "mundo fragmentado", isto é, um mundo que não é nem completo, nem organizado. E, mesmo assim, ainda pode haver alguma "justificação".[8] Vejamos.

A ideia de que o conhecimento humano apresenta um mundo fragmentado não é aquela segundo a qual vivemos com uma imagem caótica do mundo. Ao contrário, seja adotando o ponto de vista solipsista da epistemologia tradicional, seja adotando um ponto de vista alternativo (que pressupõe, por exemplo, que o conhecimento é um empreendimento coletivo), a imagem do mundo pode continuar coerente e pode nos mostrar um mundo organizado. O que se fragmenta, contudo, se nos distanciarmos do fundacionismo e do coerentismo na procura de justificação, é o apoio que alguns conhecimentos podem dar a outros. Pode haver algum apoio entre proposições ou opiniões que temos, mas ele é local, e, portanto,

---

8   A expressão "mundo fragmentado" é utilizada por Nancy Cartwright em um de seus livros, *The Dappled World* (2001). A ideia dessa autora, que argumenta contra o realismo científico, é que não podemos ter o mundo organizado que sugere essa doutrina. Aqui utilizamos a mesma expressão em sentido mais geral, mas próximo daquele de Cartwright.

relativo e precário. Ele é tão conjectural quanto a própria realidade que pode haver por trás das aparências.

O ceticismo é uma posição compatível com esse tipo de falibilismo, mas não é a única. As diversas versões do convencionalismo são também posições aparentemente compatíveis com essa mesma atitude ligada ao mundo fragmentado. Se aceitarmos determinadas opiniões como verdadeiras por convenção, e se elas oferecerem algum apoio a outras, então teremos o mesmo tipo de justificação local, relativa e precária que caracteriza essa forma de falibilismo. As diversas versões de relativismo, desde que não desejem sustentar a tese de que todo tipo de conhecimento é sempre relativo, também são compatíveis com esse mesmo tipo de falibilismo do mundo fragmentado.

Não vamos discutir aqui todas essas posições, mas apenas a dos céticos.[9] O mesmo comentário feito no parágrafo anterior sobre os relativismos – o fato de eles não poderem sustentar a tese de que todo conhecimento e toda justificação é relativa – tem sido feito também a respeito do ceticismo. Historicamente, tem-se atribuído aos céticos que eles sustentam a tese de que nada pode ser conhecido. Essa forma de encarar o ceticismo é um equívoco e resulta da falta de conhecimento da atitude cética. Talvez possamos dizer o mesmo sobre os relativismos mencionados. O tipo de ceticismo que discutiremos – e que nos parece compatível com a atitude falibilista do mundo fragmentado – é o pirronismo ou ceticismo pirrônico, e não essa forma de niilismo que seria aparentemente autocontraditória.[10]

---

9   Uma apresentação detalhada do ceticismo pode ser encontrada em Dutra (2005, Capítulo 1).

10   Para utilizarmos a parábola tradicional, os céticos são acusados de serrar o galho no qual estão sentados, ao tentar mostrar que nada pode ser conhecido. Os pirrônicos não sustentam tal tese niilista, como veremos. Os pirrônicos também não negam as aparências óbvias ou patentes.

FORMAS DE JUSTIFICAÇÃO

O pirronismo é a atitude atribuída a Pirro de Élis (século IV a.C.) e a referência histórica mais importante da doutrina são as obras de Sexto Empírico (século II d.C.). Os céticos pirrônicos aceitam as aparências, isto é, aquilo que é manifesto, como os dados dos sentidos, por exemplo. As aparências são, para o cético, tão inegáveis quanto o são para todas as pessoas sensatas. Se um cético vê à sua frente um objeto físico, não nega essa aparência. O que ele pode pôr em dúvida é se, para além das aparências, existe mesmo um corpo material, que seria a origem e a causa das aparências, dos fenômenos que ele presencia.

Segundo os pirrônicos, aqueles que sustentam teses a respeito da natureza das coisas possivelmente existentes para além das aparências e que acreditam que a respeito desses assuntos encontraram a verdade, esses são os "dogmáticos". Portanto, alguém que sustente a tese de que nada pode ser conhecido, na verdade, do ponto de vista dos pirrônicos, adota uma atitude dogmática, ainda que meramente para negar a possibilidade do conhecimento. Os céticos pirrônicos, ao contrário, ao aceitarem as aparências, apenas suspendem o juízo a respeito de quaisquer teses sobre o que não é imediatamente dado.

Em que medida essa forma de ceticismo é compatível com a atitude falibilista que comentamos? Ela é compatível com tal atitude na medida em que, tomando as aparências como provisoriamente aceitáveis, considera que elas bastam para muitos efeitos, mesmo que talvez, em outras circunstâncias, tais aparências possam não ser inteiramente satisfatórias. Como elas não são apenas as percepções sensoriais, mas também aquilo que nos aparece ao entendimento, também podemos dizer que, se determinada opinião que temos apoia outra, então essa aparente justificação local e precária também é suficiente. O que o cético não vai pedir, sem dúvida, são justificações últimas e inabaláveis. Também não vai pedir que nos seja dado um

INTRODUÇÃO À EPISTEMOLOGIA

mundo organizado de cognições. Basta para o pirrônico um mundo fragmentado, no sentido que damos aqui a essa expressão.

A atitude falibilista está presente no pirronismo do mesmo modo que o mundo fragmentado de que falamos; ela consiste apenas em não insistir na ideia de que temos ou podemos ter justificações suficientes para nossas cognições, ou então que temos ou podemos ter um sistema organizado ou coerente do saber humano. Tal atitude não consiste em sustentar que não é possível alcançar tais formas mais fortes de justificação, mas apenas que, mesmo na falta delas, alguma justificação mínima pode haver, e que ela já é suficiente.

Além disso, o ceticismo é também uma posição que podemos denominar "descritivista". Os pirrônicos insistem que o que fazem é apenas relatar aquilo que lhes aparece, sem apontar explicações ou justificações. O descritivismo é outro elemento comum a essa posição e ao naturalismo, de que falaremos detalhadamente no último capítulo. Lembremos que, em princípio, descrever um evento é algo mais fraco que explicá-lo, o que, por sua vez, é ainda mais fraco que justificá-lo.

CONHECIMENTO: UM FENÔMENO NATURAL

A essa altura, seria o caso de perguntarmos se a atitude do mundo fragmentado, tratada na seção anterior, assim como o pirronismo, ainda seria uma forma de justificacionismo. Não exatamente, se levarmos em conta a diferença entre justificar, explicar e descrever. A atitude do mundo fragmentado diz respeito ao problema da justificação, mas ela se propõe a aceitar como uma espécie de "justificação" o apoio mínimo que possa ser dado por determinadas opiniões a outras. Essa atitude, por sua vez, não é uma doutrina que sustente que todo apoio será sempre local, parcial e precário,

FORMAS DE JUSTIFICAÇÃO

mas que apoios dessa natureza também são aceitáveis, dependendo das circunstâncias. Trata-se da atitude de modéstia intelectual que caracteriza essa posição.

Outra posição que parece também adotar a mesma atitude é o naturalismo, ou epistemologia naturalizada, para utilizarmos a expressão consagrada e devida a Quine. O naturalismo de Quine, em seu artigo "Epistemology Naturalized" (Epistemologia naturalizada) (1969a), não diz respeito apenas ao problema da justificação e à natureza da epistemologia enquanto disciplina, o que será discutido no último capítulo, mas também à própria natureza do conhecimento humano. A posição de Quine não é que não podemos justificar nossas cognições, mas que a justificação que podemos dar deve decorrer de uma explicação de caráter psicológico e linguístico para nossas cognições. Assim como no caso do pirronismo, aqui também podemos nos perguntar se essa posição ainda poderia ser tomada como uma forma de justificacionismo.

A resposta, a nosso ver, seria a mesma de antes. O naturalismo, assim como a atitude do mundo fragmentado, não exige justificações mais fortes, e se contenta com apoios locais e provisórios, como aquele que decorre de uma explicação para nossas cognições ou mesmo para uma descrição. Retomando essas possibilidades, podemos dizer que o naturalismo em epistemologia corresponde à posição segundo a qual podemos explicar o conhecimento humano como fenômeno natural ou então descrevê-lo, mas não justificá-lo do modo como a epistemologia tradicional quer.

Dar explicações sobre o conhecimento humano nesses termos, como diz Quine, é ainda, de certo modo e indiretamente, uma forma de "justificar", mas de maneira bem mais modesta que aquela da epistemologia tradicional. Voltando ao exemplo do início deste capítulo, se dissermos que determinada pessoa roubou um objeto porque tem um problema psicológico, de certo modo, isso também "justifica"

75

INTRODUÇÃO À EPISTEMOLOGIA

sua ação, porque torna compreensível o que ela fez, mas desde que tomemos o caso como um problema de saúde. Ou seja, trata-se de uma "justificação" precária e apenas local. O mesmo valeria para o conhecimento humano do ponto de vista do naturalismo.

Como no caso da atitude do mundo fragmentado, aqui também temos uma posição que está mais próxima do descritivismo que do justificacionismo. Explicar o conhecimento humano, mesmo que seja algo mais fraco e menos ambicioso que justificá-lo, ainda pode ser pedir muito, pois a explicação é possível mediante a apresentação de uma teoria empírica (psicológica ou linguística, como insiste Quine) de nossos processos cognitivos. Tal teoria apresentará o conhecimento humano como resultado da ação de determinados mecanismos mentais ou de determinada estrutura do intelecto humano.

Hoje em dia, explicações desse tipo são propostas pelas diversas versões que encontramos da psicologia cognitiva. Mas podemos dizer que alguns filósofos eminentes anteciparam essa perspectiva, sendo Kant o melhor exemplo. Como veremos no capítulo sobre a filosofia crítica, Kant elabora uma teoria da estrutura do intelecto humano, procurando mostrar como podemos não apenas explicar nossa atividade de formular juízos, mas também, por esse meio, justificar nossas cognições. A teoria kantiana, desse modo, é uma forma ousada de explicação associada à busca de uma justificação robusta para o conhecimento humano.

O naturalismo proposto por Quine, certamente, mesmo ainda guardando algum aspecto justificacionista, é uma perspectiva mais próxima do descritivismo, mas talvez não tanto quanto se poderia desejar. Uma forma de descritivismo mais radical associada à epistemologia naturalizada seria uma mera análise dos processos cognitivos tomados como comportamento, com inspiração em determinadas teorias behavioristas no campo da psicologia experimental, como aquela de B. F. Skinner. Mas esse descritivismo teria mais as feições de uma teoria da investigação do que de uma teoria do conhecimento propriamente. Uma abordagem semelhante a essa – mas anterior ao behaviorismo de Skinner – pode ser encontrada na teoria da investigação de John Dewey. Dewey é um autor que associa elementos behavioristas e naturalistas em seu empreendimento de entender o conhecimento humano.

Essa forma de epistemologia seria puramente descritivista por abrir mão das explicações que postulam mecanismos ou estruturas da mente humana ou do entendimento humano, ficando apenas com descrições dos processos cognitivos, isto é, com as ações que estão ligadas às circunstâncias nas quais dizemos que alguém sustenta uma opinião, ou tem uma crença, ou apresenta uma teoria etc. Esses próprios termos – "opinião", "crença", "teoria" –, mentalistas em sua origem, também podem receber uma interpretação comportamental.

RESUMO

As três formas de entendimento que apontamos neste capítulo – justificar, explicar e descrever – não são categorias estanques, que possam ser completamente separadas. Algumas abordagens, como vimos, procuram claramente a justificação, e esse é o caso do fundacionismo. Embora se distancie deste, o coerentismo ainda é uma posição bastante justificacionista, sobretudo por insistir nas noções de unidade do saber e de sistema de crenças ou proposições.

À medida que nos afastamos do fundacionismo da epistemologia tradicional e de formas mais justificacionistas como o coerentismo, em direção a perspectivas mais voltadas para a explicação e a descrição do conhecimento humano, encontramos posições mais falibilistas, como o ceticismo e o naturalismo, ambas próximas daquela atitude denominada atitude ligada ao "mundo fragmentado".

A noção básica que está associada a essa perspectiva é que pode haver justificações mais ou menos fortes, ligadas a explicações e a descrições dos processos cognitivos, mas que "justificações" locais, parciais, precárias e provisórias são também aceitáveis, tal como dizem céticos e naturalistas.

Há certa ambiguidade, portanto, no uso do termo "justificação". A forma de compreender em que sentido determinado autor utiliza o termo seria perguntarmos em que medida ele associa tal "justificação" com explicações ou com descrições.

LEITURAS RECOMENDADAS

Os textos de Carnap e Quine mencionados neste capítulo são úteis para compreender as discussões em torno da justificação do conhecimento, em especial, as críticas feitas ao fundacionismo do ponto de vista naturalista: Carnap (1969b) e Quine (1953; 1969a). As informações completas de todos esses textos estão nas referências bibliográficas, no final deste livro.

ATIVIDADES

Para consolidar o entendimento dos temas tratados neste capítulo, responder por escrito às questões a seguir pode ajudar, assim como escrever de uma a duas páginas sobre cada um dos tópicos indicados.

1. Explique a diferença entre justificar, explicar e descrever uma ação ou uma cognição.
2. Explique a diferença entre ter uma atitude e sustentar uma doutrina.

FORMAS DE JUSTIFICAÇÃO

3. Explique a diferença entre fundacionismo formal e material.
4. Quais são os dois pressupostos fundamentais do coerentismo?
5. Quais são as críticas feitas ao coerentismo?
6. Em que consiste a atitude aqui denominada "mundo fragmentado"?
7. Por que o ceticismo é uma forma de falibilismo?
8. Por que o naturalismo associa principalmente explicação com descrição no entendimento dos processos cognitivos?
9. O que seria o naturalismo puramente descritivista?
10. Explique a ambiguidade do termo "justificação".

Tópico 5: O fundacionismo requer ao mesmo tempo base e método.

Tópico 6: A noção de sistema de proposições ou crenças já é um conhecimento básico.

Veja que não se trata de duas perguntas, mas de duas afirmações que podem ser feitas com base nas teorias tratadas neste capítulo, e que podem ser sustentadas e explicadas detalhadamente, que é o que deve ser feito nesta atividade.

4. Racionalismo

Os quatro grandes representantes do racionalismo moderno europeu são René Descartes, Baruch Spinoza, Gottfried W. Leibniz e Immanuel Kant. O pensamento de Kant será discutido detalhadamente no capítulo sobre a filosofia crítica, inclusive porque esse autor conduz o racionalismo a seu ponto máximo de desenvolvimento, encarando também os desafios que lhe foram lançados pela tradição empirista britânica, a ser discutida no próximo capítulo.

Neste capítulo, vamos examinar as ideias do primeiro desses autores racionalistas: Descartes. Assim como os outros racionalistas e os pais da ciência moderna (Galileu Galilei e Isaac Newton), Descartes tomava o modo de investigar dos matemáticos, que se consolidou na obra *Elementos* do matemático grego Euclides (c. 300 a.C.), como modelo do pensamento racional rigoroso, que Descartes e os demais racionalistas desejavam aplicar à filosofia.

A teoria de Euclides, exposta nos *Elementos*, é uma aplicação rigorosa do método axiomático. Esse método consiste em tomar determinados conhecimentos supostos como verdadeiros e, a partir deles, provar teoremas, isto é, verdades derivadas, utilizando um procedimento seguro ou preservador de verdade. Trata-se do mesmo método utilizado também pelos lógicos até hoje. Nos *Elementos*, Euclides parte de 23 definições (de ponto, linha, superfície etc.), de

INTRODUÇÃO À EPISTEMOLOGIA

cinco postulados (entre eles, o famoso postulado das paralelas, cuja discussão, posteriormente, deu margem ao surgimento das geometrias não euclidianas) e de cinco noções comuns (que se referem a propriedades como: igualdade, adição e subtração da igualdade). Com esses elementos primitivos de seu sistema, Euclides pôde então fazer suas demonstrações.

Obviamente, as demonstrações feitas por meio do método axiomático dependem da aceitação prévia das noções primitivas. Se estivermos elaborando uma teoria meramente formal – isto é, um sistema com axiomas e regras que permitam fazer demonstrações (ou provas),[1] não importando se existem ou não os objetos a que se referem os termos da linguagem utilizada no sistema –, então a apresentação de tal teoria formal será um exercício racional de rigor e habilidade; e, certamente, já terá sua importância intelectual assegurada. Mas se, ao contrário, tentarmos elaborar uma teoria informativa sobre o mundo ou a realidade – isto é, sobre aquilo que, nos capítulos precedentes, denominamos "o mundo exterior" ou as coisas que o sujeito pode conhecer além de seus próprios dados dos sentidos –, então os elementos primitivos do sistema têm de ser verdades autoevidentes e incontestáveis.

---

1   Devemos observar que, para os lógicos contemporâneos, os postulados de uma teoria são de dois tipos: axiomas (que são proposições) e regras (de inferência). Há um procedimento de prova que não utiliza axiomas, que é denominado "dedução natural", utilizando apenas regras de inferência. Mas, mesmo nesse caso, as regras são elementos primitivos do sistema, obviamente. Além disso, uma regra pode ser transformada numa proposição, por assim dizer, aquela proposição que descreve a regra. Por exemplo, a regra de *modus ponens*, que é ilustrada pelo esquema "A, A → B ⊢ B", também pode ser descrita pelo esquema de proposição condicional: "se temos uma proposição A e a proposição 'se A então B', então podemos ter a proposição B". Intuitivamente, podemos dizer que se a regra em questão é preservadora de verdade, então a proposição que a descreve é verdadeira.

RACIONALISMO

O método axiomático é, sem dúvida, um instrumento de valor para a teoria do conhecimento, em particular, para a abordagem fundacionista da qual falamos no capítulo anterior. Mas ele exige, justamente, que sejam verdades incontestáveis os elementos fundamentais que conferirão a base ao sistema, base que permitirá dar justificações últimas e inabaláveis a nossas cognições. O racionalismo é o projeto de encontrar essas primeiras verdades e, a partir delas, por meio de um método axiomático ou dedutivo rigoroso, derivar outras verdades, fundamentando completamente o saber humano.

Esse próprio projeto é visto hoje como uma espécie de sonho impossível, mas não entraremos nos detalhes dessa crítica contemporânea, ainda que ela tenha levantado questões importantes para a epistemologia. Mas, para compreender tais críticas, primeiro é preciso entender melhor as tentativas de realização do projeto racionalista.[2] É o que procuraremos fazer neste capítulo e no capítulo sobre Kant. Além disso, no próximo capítulo, examinaremos parte das críticas empiristas ao racionalismo e a teoria do conhecimento de Hume, que também foi importante para uma revisão e reforma do próprio projeto racionalista – e que terminou, de certo modo, com uma espécie de radicalização desse ponto de vista, com a filosofia crítica de Kant.

O fundacionismo é por certo um elemento central do racionalismo, em particular daquelas doutrinas racionalistas que vamos discutir: as de Descartes e de Kant. Mas outro elemento importante para a perspectiva racionalista é a forma como podemos obter os conhecimentos primeiros ou básicos que fundamentarão o sistema do saber humano. A conotação que o termo "racionalismo" adquiriu

---

2   Na epistemologia contemporânea, boa parte das críticas ao fundacionismo foi feita pelos naturalistas, tal como Quine, cujas ideias sobre a epistemologia naturalizada serão discutidas no último capítulo. Como mencionamos no capítulo anterior, em particular, Quine é um crítico da forma de fundacionismo encontrada na obra de Rudolf Carnap.

INTRODUÇÃO À EPISTEMOLOGIA

ao longo dos séculos sugere que os racionalistas viam no próprio intelecto humano a fonte dessas primeiras verdades, as chamadas "verdades de razão". Não é incorreto dizer isso sobre o racionalismo, mas é apenas uma parte do que há de relevante para compreender essa posição em epistemologia. Por isso iniciamos este capítulo falando do método axiomático, que é outro elemento que caracteriza a doutrina.

O que há a mais a ser dito sobre o método axiomático e o racionalismo é que a razão não é apenas "fonte" de verdades fundamentais, mas também algo dotado de capacidades ou faculdades. A noção geral de que possuímos faculdades cognitivas (como a sensibilidade, a imaginação, o entendimento e outras) é um pressuposto tipicamente racionalista, pois está associada a essa perspectiva a ideia de que o intelecto humano possui determinada estrutura, e que ela, enquanto nos capacita a conhecer (determinadas coisas), impõe-nos restrições ou condições especiais (segundo as quais as coisas podem ser conhecidas).

Esse é certamente um modo bastante "kantiano" de apresentar o assunto, como veremos no capítulo sobre a filosofia crítica. Mas a ideia básica já se encontra em Descartes e nos outros racionalistas que precederam Kant. E mesmo os empiristas britânicos mais radicais em suas críticas ao racionalismo, como Locke e Hume, ainda conservavam a ideia de que o intelecto humano possui capacidades. Eles também apresentaram teorias a respeito dessas capacidades intelectivas. Mas, então, podemos perguntar: por que eles não estão incluídos no grupo dos racionalistas?

A resposta é simples e hoje parece até um tanto simplista; ela está em todos os manuais mais elementares de filosofia. Os racionalistas acreditavam que a estrutura do intelecto humano contém "conteúdos". E isso, obviamente, os empiristas não podiam aceitar. As críticas ao projeto racionalista, desde os empiristas, têm sido tão severas que nos levariam a perguntar se hoje alguém ainda poderia compartilhar a ideia de que há conteúdos mentais que não têm origem na experiência. Embora seja talvez surpreendente, de fato, há autores que continuam a sustentar essa posição. Trata-se de pensadores que estão ligados à tradição cognitivista, que, aliás, remonta ao próprio Kant, e que inclui também autores contemporâneos de primeira linha, como o linguista Noam Chomsky.[3]

Isso quer dizer que, por mais críticas que tenha sofrido, o racionalismo não é um projeto abandonado. O que o estudo do pensamento epistemológico de autores como Descartes e Kant (além de outros racionalistas modernos) pode nos trazer é o entendimento de como essa tradição se consolidou e nos legou, na verdade, algumas das primeiras grandes teorias do conhecimento. A comparação que podemos fazer, e que também justifica passar pelos epistemólogos modernos, é com o domínio da física. Por menos que a física contemporânea seja "newtoniana" – e ela é, de fato, muito pouco newtoniana hoje –, não podemos ensinar física sem falar das ideias de Newton. Do mesmo modo, não podemos compreender a epistemologia e seu surgimento como disciplina se não conhecermos as teorias de Descartes, Kant e dos empiristas britânicos.

UMA ESTRATÉGIA PARA REFORMAR O SABER

A filosofia moderna, em geral, estava envolvida com o empreendimento de reformar o saber humano. Descartes e os racionalistas tinham esse objetivo. O empirismo britânico, desde antes de Descartes, com Francis Bacon, tinha esse mesmo objetivo. De

---

3 Sobre a psicologia cognitiva em geral, cf. Gardner (1985), que oferece uma boa introdução, inclusive com os desenvolvimentos desse ponto de vista na filosofia moderna e contemporânea, na linguística e na psicologia.

Introdução à Epistemologia

um lado, a nova física, a partir de Galileu e Copérnico, impunha o abandono da ciência praticada segundo preceitos aristotélicos; de outro, a metafísica tradicional (escolástica e também aristotélica), em contraste com a nova ciência, parecia um domínio de arbitrariedade intelectual e ficção. Assim, a reforma do saber, que tanto racionalistas quanto empiristas empreenderam, visava a uma oposição à metafísica e à fundamentação da ciência moderna. Entendia-se que era nas ciências bem-sucedidas que o intelecto humano mostrava toda sua capacidade. Daí o interesse especial pelo método axiomático da geometria.

A teoria de Descartes, que exemplifica esse projeto de reforma do saber, está exposta no *Discurso do método* (de 1637) e nas *Meditações* (de 1641). Mas é interessante também considerarmos o que o autor diz na obra inacabada *Regras para a direção do espírito* (de 1626-1628). Não faremos aqui, obviamente, uma apresentação geral da filosofia de Descartes, mas apenas destacaremos algumas das ideias centrais de suas reflexões sobre o método e a natureza do conhecimento humano, e como ele elabora uma versão racionalista do fundacionismo.[4]

Nas *Regras*, Descartes procura caracterizar os dois elementos fundamentais do método adequando para todo o saber humano, a saber, intuição e dedução. Para ele, a intuição é "a concepção que possui um espírito puro e atento, concepção tão fácil e tão distinta

---

4   Embora Descartes fale claramente dos elementos básicos da concepção axiomática do saber (conhecimentos primitivos e um método de dedução), suas obras não são compostas da mesma maneira encontrada nos *Elementos*, de Euclides, e nas exposições dos matemáticos em geral, começando por apresentar definições e axiomas, e depois fazendo demonstrações. A *Ética*, de Spinoza, por sua vez, sim, é redigida desse modo. Como veremos, Descartes procede basicamente do mesmo modo, mas em prosa mais discursiva, no estilo filosófico padrão da época.

RACIONALISMO

que nenhuma dúvida resta sobre o que compreendemos", como o autor afirma na Regra 3. Descartes acrescenta logo em seguida que é pela intuição que cada um de nós percebe que existe e que pensa, percebe que um triângulo possui três lados e uma esfera possui apenas uma superfície.[5]

Os exemplos fornecidos por Descartes sugerem, portanto, que o que pode ser apreendido pela intuição são ou as concepções expressas em enunciados analíticos (por exemplo, sobre o triângulo ter três lados, o que está na própria concepção de triângulo), ou aquelas relativas aos dados dos sentidos (por exemplo, sobre o sujeito imediatamente dar-se conta de que ele existe – o *Cogito*, que comentaremos adiante). Mas veremos também que Descartes vai além, e inclui também aquelas concepções que dizem respeito a coisas no mundo exterior, como Deus e a matéria. De fato, como ele reiteradamente sustenta nas *Meditações*, em todos esses casos, temos ideias "claras e distintas". E, como também veremos, a clareza e a distinção serão eleitas por ele como o critério para distinguir o verdadeiro do falso.

Em outra obra, os *Princípios da filosofia* (de 1644), Descartes explica o que compreende por uma percepção clara e distinta:

> Denomino clara aquela [percepção] que está presente e manifesta a um espírito atento, tal como dizemos ver claramente os objetos quando, estando presentes, eles agem de modo bem forte, e quando nossos olhos estão colocados de forma a vê-los; e distinta, aquela [percepção] que é tão exata e diferente de todas as outras, de forma que não compreende em si a não ser aquilo que aparece manifestamente para quem a considera como deve. (*Princípios*, § 45)

---

5   Está claro que Descartes não utiliza o termo "intuição" no sentido comum, nem de sua época, nem de hoje. E ele explica, na Regra 3, o novo significado que atribui ao termo, como veremos. No capítulo sobre a teoria de Kant, voltaremos ao tema da intuição, que é uma noção central também na filosofia crítica.

87

INTRODUÇÃO À EPISTEMOLOGIA

Todavia, é preciso reconhecer que nem essa explicação nem os exemplos deixam tão claro assim o que vem a ser a percepção clara e distinta, sobretudo quando tomamos os casos das proposições informativas sobre o mundo exterior. De qualquer forma, clareza e distinção, que são elementos próprios da intuição, segundo Descartes, são também os elementos próprios da regra de clareza e distinção, que, tal como Descartes a apresenta nas *Meditações*, constitui a base do método que permite reconstruir o saber humano.

De fato, logo no início da Terceira Meditação, após comentar o que o *Cogito* possui de mais característico – um conhecimento claro e distinto –, Descartes afirma que pode então estabelecer como "regra geral" que tudo o que é claro e distinto é verdadeiro. Ele o faz numa passagem que merece ser reproduzida:

> Nesse primeiro conhecimento [o *Cogito*], não há nada mais que uma percepção clara e distinta do que conheço, o que não seria suficiente para me assegurar que ela é verdadeira a não ser pelo fato de que não poderia ser que algo que concebo tão clara e distintamente fosse falso. E, portanto, parece-me que já posso estabelecer como regra geral que todas as coisas que concebemos muito clara e distintamente são todas verdadeiras. (*Meditações*, Terceira Meditação)

Além da intuição, explica ainda Descartes na Regra 3, há a dedução, que nos permite conhecer as coisas que, mesmo sendo certas, não são por si mesmas evidentes. Mas elas podem ser conhecidas "se forem deduzidas a partir de princípios verdadeiros e conhecidos por um movimento ininterrupto do pensamento, que possui uma intuição clara de cada coisa". Descartes acrescenta que é assim que, em cada passo da dedução, podemos ter certeza da correção do movimento feito. Portanto, a intuição também desempenha papel indispensável ao longo do próprio processo dedutivo.

88

RACIONALISMO

Vemos assim que a estratégia de Descartes para reconstruir o saber está fundamentada na obtenção das primeiras verdades, evidentes por si, e no movimento de ampliação do conhecimento, acrescentando pela dedução outras verdades. Clareza e distinção são, por sua vez, o critério que possibilita todo o processo, combinando intuição e dedução. Esse é o aspecto, digamos, "formal" do projeto de Descartes. Vejamos agora especificamente os conteúdos que ele apresenta em sua investigação. Embora os elementos principais estejam presentes em diversas de suas obras, como o *Discurso do método* e os *Princípios da filosofia*, seguiremos a apresentação mais sistemática e rigorosa que ele faz nas *Meditações*.

A CADEIA DE VERDADES

Descartes avança sua investigação nas *Meditações* por meio de uma cadeia de verdades ou ordem de razões supostamente rigorosa e impecável, primeiro, eliminando toda possibilidade de conhecimentos falsos, depois, encontrando um primeiro conhecimento verdadeiro, o *Cogito*, e, a partir dele, os demais. Há dois momentos principais dessa investigação, um negativo ou preparativo, que se encontra na Primeira Meditação, e outro positivo ou construtivo propriamente, que se estende desde a Segunda até a Sexta Meditação.

Na investigação preliminar ou preparativa, Descartes concebe uma estratégia e estabelece uma regra para poder implementá-la. Ele parte da constatação de que muitas opiniões que ele, no passado, julgava verdadeiras, são falsas, e então se pergunta se não haveria outras na mesma condição. Todavia, embora pareça necessário examinar todas as suas opiniões, isso não é possível. Assim, a estratégia consiste em buscar as opiniões fundamentais, ou, mais precisamente, as fontes principais de nossas opiniões, e examiná-las.

89

Introdução à epistemologia

Ora, uma boa parte dessas opiniões, diz ele, provém dos sentidos; e, de fato, muitas vezes os sentidos nos enganam. Por exemplo, ao observarmos um objeto distante, ele pode parecer ter determinadas características e, depois, ao observá-lo de perto, constatamos que ele não é tal como parecia. Mesmo assim, aquelas observações que fazemos dos objetos de perto ou em circunstâncias favoráveis ainda parecem corretas. A essa altura, Descartes apresenta o argumento do sonho, que põe em evidência os pressupostos solipsistas metodológicos dessa investigação. Se o sujeito que observa algo estiver sonhando, então tal observação também não é confiável, por mais nítida e certa que ela possa parecer. De fato, experimentamos nos sonhos coisas que nos parecem reais e que não o são absolutamente. Com isso, em resumo, os sentidos são postos em dúvida, mesmo quando as observações se dão em circunstâncias favoráveis.

Em contraste com o método principal de sua investigação, fundamentado na regra de clareza e distinção, a incerteza das opiniões obtidas por meio dos sentidos é então motivo para desacreditá-los em geral. A regra que Descartes enuncia para essa parte preparatória e dubitativa da investigação é que "não é prudente confiar em quem uma vez nos enganou". Assim, se os sentidos nos enganam algumas vezes, eles não são confiáveis como fonte de informação sobre o mundo. Portanto, todas as opiniões provindas dos sentidos, na possibilidade de serem falsas, devem ser assim consideradas. Em outras palavras, nenhuma proposição sobre objetos dos sentidos pode ser considerada verdadeira.

Obviamente, essa primeira etapa tipicamente dubitativa do procedimento preliminar da investigação de Descartes nas *Meditações*, diz ele próprio, parece não poder atingir aquelas proposições que dependem do puro raciocínio, tal como as operações matemáticas e suas verdades em geral. Por exemplo, argumenta Descartes: quer estejamos acordados, quer estejamos dormindo, $2 + 2 = 4$ e um triângulo sempre possui três lados. Como dizem os comentadores de Descartes, há razões "naturais" para duvidarmos dos sentidos, mas não haveria razões desse tipo para duvidar do raciocínio.

É nesse ponto da investigação dubitativa preliminar que Descartes radicaliza sua argumentação. Embora o homem comum não seja levado a duvidar das verdades que dependem do puro raciocínio, pode haver circunstâncias em que o próprio raciocínio poderia ser uma fonte de engano e erro. Mas tais circunstâncias exigem levantar uma hipótese ousada e implausível, embora possível. Descartes imagina se não haveria em lugar de um Deus criador, bom e veraz, desejoso de que sempre alcancemos a verdade, um demônio enganador, um gênio maligno, tão poderoso quanto Deus, mas que deseje nos enganar em tudo. Ora, nesse caso, ele poderia interferir em nossos pensamentos, e então mesmo aquelas verdades obtidas por puro raciocínio poderiam ser falsas.

Supondo essa hipótese, a regra antes utilizada no caso dos sentidos também poderia ser aplicada. Embora não constatemos erro no nosso raciocínio da mesma forma que constatamos nos sentidos, mediante a hipótese de haver um gênio enganador, também o raciocínio deixaria de ser uma fonte confiável de conhecimento. É apenas por meio de tal hipótese – que, aliás, não sabemos a essa altura da investigação se é verdadeira ou falsa, pois ela é apenas uma hipótese a ser ou provada, ou descartada – que é possível radicalizar o procedimento dubitativo. E isso levou os comentadores a denominar essa etapa da investigação preliminar de Descartes dúvida "hiperbólica" (ou exagerada).

De fato, Descartes procede ali de modo semelhante aos matemáticos quando procuram provar algo por meio da estratégia de redução ao absurdo. Não se trata exatamente da aplicação desse método, mas de adaptar a ideia geral que está por trás dele. Muitas vezes, os matemáticos, para provar um teorema, pressupõem a sua negação e fazem então deduções a partir dela. Se essas deduções levarem a uma contradição ou absurdo, então, infere-se que a hipótese correta é o contrário do que foi pressuposto, ou seja, o próprio teorema a ser provado. A adaptação que Descartes faz desse método consiste em pressupor o pior dos casos, aquele em que haveria um gênio maligno, e fazer então deduções para ver a que isso levaria. Tais deduções, contudo, já nos conduzem para a parte construtiva da investigação das *Meditações*, aquela em que as primeiras verdades são alcançadas.

A Primeira Meditação, cujos pontos principais acabamos de recapitular, parece conduzir a investigação de Descartes a um beco sem saída. Ou seja, ela parece nos levar a ter de considerar todas as nossas opiniões como falsas e a constatarmos que não temos nenhuma percepção clara e distinta. De fato, toda a investigação dubitativa e preliminar da Primeira Meditação é concebida para conduzir a esse ponto em que, no início da Segunda Meditação, o sujeito se dá conta de uma percepção clara e distinta que há mesmo no pior dos casos, isto é, aquele em que o gênio maligno nos enganaria em tudo.

Para qualquer um de nós que assume esse papel do sujeito narrador das *Meditações* de Descartes, fica claro o que ele diz, ou seja: "se o gênio maligno me engana, eu tenho de existir para que ele me engane". Assim, a proposição "eu sou" é verdadeira todas as vezes que a enuncio, diz Descartes. Esse é o famoso *Cogito* cartesiano, a primeira percepção clara e distinta produzida por sua investigação.[6] Desse modo, a parte construtiva – ou reconstrutiva – do saber humano se inicia de maneira semelhante àquela das deduções dos ma-

---

6   O termo "*cogito*" em latim significa *penso*. No *Discurso do método*, Descartes emprega a famosa fórmula "penso, logo existo", que não aparece nas *Meditações*. Nessa obra, de forma muito mais clara, Descartes explica que a primeira percepção clara e distinta é aquela da proposição "eu sou" como irrecusável por parte do sujeito que a enuncia.

temáticos, pois, levantar a hipótese da existência do gênio maligno e supor que ele nos engane em tudo conduz o sujeito a se dar conta de que a proposição "eu sou" é indubitável. Ela é clara e distinta, como diz Descartes, e, de fato, o melhor exemplo que ele pode dar para explicar o que entende por clareza e distinção.

Na Segunda Meditação, Descartes apresenta duas outras verdades. Se a proposição "eu sou" é verdadeira, considera então o sujeito, e se não posso dizer que sou nem um corpo, nem qualquer outra coisa, pois todas essas coisas foram postas em dúvida na Primeira Meditação, então, explica Descartes, surge a segunda certeza: "eu sou uma coisa pensante". E, isso posto, imediatamente obtém-se uma terceira: "o espírito é mais fácil de conhecer que o corpo". A partir daqui fica claro como Descartes emprega a dedução para chegar a outras verdades. Ele constrói, assim, uma cadeia de verdades que vai prosseguir até a Sexta Meditação, permitindo reconstruir e fundamentar o saber humano.

O FIADOR DA VERDADE

Embora Descartes tenha demonstrado três verdades na Segunda Meditação, a hipótese da existência de um gênio maligno continua válida. Ou seja, não temos garantia de que aquilo que é claro e distinto para o sujeito realmente corresponda às próprias coisas, ao mundo em geral, tal como ele supostamente é. É preciso, portanto, refutar a hipótese do gênio maligno. O modo de fazer isso, segundo Descartes, consiste em provar a existência de um Deus bom e veraz. Essa prova, na Terceira Meditação, é o ponto culminante das *Meditações*, pois a figura de Deus será, no sistema cartesiano, a de um fiador da verdade. Se existir um Deus bom e veraz – e não um demônio enganador –, então Deus não permitirá que aquilo que nos parece claro e distinto

INTRODUÇÃO À EPISTEMOLOGIA

seja porventura falso. A regra de clareza e distinção pode então ser totalmente autorizada no restante da investigação.

A prova da existência de Deus apresentada por Descartes baseia-se na doutrina das ideias inatas, aspecto tipicamente racionalista de sua doutrina.[7] Segundo Descartes, há três tipos de ideias, que são:

(1) ideias adventícias: aquelas que provêm dos sentidos;

(2) ideias factícias: aquelas que nós mesmos produzimos a partir de outras ideias; e

(3) ideias inatas: aquelas colocadas por Deus em nós e que estão, portanto, no entendimento humano antes de toda e qualquer experiência.

Descartes diz que a ideia de um Deus que possui todas as perfeições, que é infinito, eterno, todo-poderoso etc., não pode ter sido tirada da experiência. Não pode ser uma ideia adventícia, uma vez que tudo o que a experiência nos oferece é corruptível, finito e imperfeito. Do mesmo modo, a ideia de Deus não pode ser factícia, uma vez que quem é finito, limitado e imperfeito não pode produzir por si mesmo a ideia de um ser perfeito, infinito etc. Assim, a ideia de Deus tem de ser uma ideia inata. Ora, se ela é inata é porque o próprio Deus a colocou em nós. Mas, para colocá-la em nós, ele tem de existir. Logo, o fato de a ideia de Deus estar em nós é sinal de que Deus existe – de que existe um Deus bom e veraz.

A prova da existência de Deus, sendo ele bom e veraz – e, logo, aquele que garante que tudo o que nos parece claro e distinto é mesmo verdadeiro – é o ponto alto da investigação das *Meditações* porque, por ser uma espécie de fiador da verdade, Deus garante que

---

7   De fato, há nas *Meditações* duas provas da existência de Deus, uma na Terceira e outra na Quinta Meditação.

RACIONALISMO

tudo aquilo que é objeto de certeza subjetiva seja objetivamente verdadeiro, isto é, corresponda a como as coisas são no mundo. É apenas a prova da existência de um Deus bom e veraz, portanto, que torna plenamente aplicável a regra de clareza e distinção, segundo a qual tudo o que é claro e distinto é verdadeiro. É apenas a prova da existência de Deus que permite a generalização dessa regra, possibilitando o restante da investigação de Descartes até a Sexta Meditação.

Entretanto, a prova da existência de Deus, como vimos, repousa em um dos pontos mais problemáticos da doutrina cartesiana, o de que há ideias inatas, ou seja, conteúdos do pensamento que não provêm da experiência. Os empiristas vão atacar fortemente essa doutrina. E apenas a filosofia crítica de Kant é que permitirá de certo modo reabilitar a noção de que há algum conteúdo no intelecto humano que não provém da experiência – porque não pode provir, como Kant procurará mostrar.

A questão que permanece, e que Descartes enfrenta e resolve na Quarta Meditação, é aquela da possibilidade do erro. Pois se Deus é bom e veraz, então como erramos? Segundo Descartes, somos semelhantes a Deus não exatamente em virtude de possuirmos entendimento, pois o nosso é finito e limitado, ao passo que o entendimento divino é infinito. Mas somos semelhantes ao criador em virtude da vontade, que em nós é tão ilimitada quanto a vontade de Deus. Assim, diz Descartes, Deus não pode errar porque nele não há desproporção entre a vontade e o entendimento, enquanto em nós há. Se restringirmos nossa vontade aos limites de nosso entendimento, não erramos, diz Descartes.

A solução de Descartes para o problema do erro antecipa um dos aspectos da filosofia de Kant, que também sustentará que o conhecimento possui limitações. Esse também é um aspecto típico do pensamento epistemológico moderno que não é muito enfatizado por Descartes e outros racionalistas anteriores a Kant, mas é muito saliente nos empiristas britânicos. Ao mesmo tempo que fundamentamos o saber, também mostramos os limites que devem ser impostos a ele. Descobrimos as limitações do conhecimento humano por meio de uma investigação sobre a estrutura ou a constituição do intelecto. Esse também é um aspecto marcante do pensamento de Kant que, antes, estava mais patente nos empiristas do que nos racionalistas. Mas podemos ver que a explicação de Descartes sobre o erro na Quarta Meditação também envolve essa ideia de investigação das nossas faculdades mentais e as relações entre elas.

Racionalismo, empirismo e a filosofia crítica, todas essas doutrinas, gradativamente, elaborarão modelos cada vez mais detalhados e sofisticados do intelecto humano, de suas faculdades e das formas como podem ser coordenadas. E, em todos esses casos, está envolvida determinada concepção da mente humana bastante particular, e que nos parece um tanto óbvia porque, na verdade, penetrou no senso comum filosófico e não filosófico ao longo de séculos, desde os modernos até hoje.

O ESPELHO DA NATUREZA

O filósofo norte-americano Richard Rorty, em seu livro *A filosofia e o espelho da natureza* (1994), comenta tal concepção da mente que encontramos nos filósofos modernos, e que ele denomina "concepção especular da mente humana". A mente é como um espelho capaz de refletir o mundo. Essa concepção está presente em Descartes também, como o próprio Rorty comenta.

É conhecida a posição de Descartes em relação à constituição do ser humano. Segundo Descartes, somos o resultado da união substancial do corpo e da alma, um tema que ele aborda na Sexta Meditação, após provar a existência do mundo exterior e da matéria. Nosso corpo é material e está unido à nossa alma, de natureza espiritual ou mental. Não se trata de uma união meramente acidental, como a de um piloto no navio, explica Descartes, mas de uma união muito mais íntima, que ele denomina "união substancial". Ele volta ao mesmo tema, com mais detalhes, na obra *As paixões da alma* (de 1649).

A teoria de Descartes sobre a constituição do ser humano é bastante problemática e, podemos dizer, de fato, malsucedida. Ela faz tanto uma descrição dos processos fisiológicos de nosso corpo quanto uma descrição dos processos psicológicos, e postula que a interação entre eles se dá na glândula epífise (ou glândula pineal), no cérebro. Mas a interação psicofísica postulada por Descartes é problemática, uma vez que corpo e alma (ou mente) são substâncias distintas, estando, portanto, sujeitas a leis diferentes. O tema é demasiadamente complexo para ser tratado aqui sem desviarmos do ponto principal de nossa discussão. No entanto, nós o mencionamos porque está indiretamente ligado à concepção de conhecimento defendida por Descartes.

Mesmo tendo a capacidade de refletir ou espelhar o mundo, a mente é um domínio de ideias, e essas não estão sujeitas a relações físicas causais, mas a relações lógicas. Como vimos anteriormente, de uma percepção clara e distinta, por meio de intuições, passamos de ideia a ideia em um processo dedutivo. É a capacidade de refletir o mundo que garante um tipo de paralelismo entre nossas ideias e o próprio mundo. Mas não há qualquer interação psicofísica entre o próprio mundo e nossa mente.

Essa concepção do conhecimento começará a ser desafiada pelos próprios empiristas britânicos, mesmo que eles ainda mantivessem a ideia de que a mente é uma espécie de espelho da realidade. Mas é apenas com o desenvolvimento do naturalismo em epistemologia, já no século XX, que uma oposição decidida a essa concepção racionalista do conhecimento acontecerá, como veremos no capítulo sobre a

INTRODUÇÃO À EPISTEMOLOGIA

epistemologia naturalizada. Isso não quer dizer que uma concepção do conhecimento humano como processo dentro do mundo – e não separado dele, na mente humana, como pensa Descartes – não tenha sido antecipada. Nos próprios autores modernos, há dois casos notáveis. O primeiro é o do filósofo inglês Thomas Hobbes, contemporâneo e crítico de Descartes, que elaborou o que podemos denominar hoje um modelo fisicalista da mente e do conhecimento humano, que ele apresenta na primeira parte de seu livro *Leviatã* (1651).[8] O segundo caso é o de Hume, cujas ideias serão analisadas no próximo capítulo. Nesses dois autores, a mente humana e o conhecimento, como resultado de seu funcionamento, não são pensados como algo separado da natureza e do mundo, como no racionalismo cartesiano, mas como parte do mesmo mundo estudado pelas ciências e pela filosofia em geral.

RESUMO

Descartes elabora seu método para fundamentar o conhecimento humano que é inspirado no modo de proceder dos matemáticos. Para os racionalistas modernos e os próprios pais da ciência moderna, o livro de Euclides, *Elementos*, é um modelo de aplicação do método axiomático e inspiração para dotar os outros ramos do saber do mesmo rigor.

Descartes concebe dois modos pelos quais pode fundamentar o conhecimento, a saber, a intuição e a dedução. Pela intuição, temos percepções claras e distintas, e pela dedução passamos dos

---

8   Hobbes é também autor das Terceiras Objeções às *Meditações* de Descartes. As *Objeções e respostas* costumam ser publicadas junto com as *Meditações*. Nelas, diversos filósofos da época levantaram críticas a Descartes, que ele procurou rebater.

conhecimentos diretamente evidentes para outros conhecimentos que podem ser alcançados de maneira indireta.

Nas *Meditações*, Descartes apresenta duas investigações. A primeira é uma investigação preliminar ou preparatória, cujo objetivo é eliminar toda possibilidade de erro e falsidade. Essa etapa dubitativa – que compreende os argumentos dos sentidos e dos sonhos, no momento da dúvida natural, e o argumento contra o raciocínio, no momento da dúvida hiperbólica – é sucedida pela etapa construtiva, na qual Descartes encontra a primeira verdade, o *Cogito*, e, a partir dela, por dedução, inicia uma cadeia de verdades. A regra que permite chegar a essas verdades é a regra de clareza e distinção, segundo a qual é verdadeiro o que é percebido clara e distintamente.

Contudo, a aplicabilidade geral dessa regra e, em última instância, a fundamentação do conhecimento são possíveis apenas após a prova da existência de um Deus bom e veraz, que desempenha o papel de fiador da verdade e garante a aplicação da regra. Com isso, Descartes pode reconstruir todo o saber e fundamentar as ciências.

A concepção cartesiana do conhecimento está ligada à sua concepção da mente humana. A mente é uma espécie de "espelho da natureza", que tem a capacidade de refletir ou representar o mundo. Mas o conhecimento que temos do mundo é algo isolado dele, pois a mente e o mundo são dois domínios separados e incomunicáveis segundo a concepção cartesiana.

LEITURAS RECOMENDADAS

O melhor texto para leitura complementar é aquele das *Meditações*, de Descartes. O já mencionado livro de Rorty, *A filosofia e o espelho da natureza*, é útil para a visão geral de algumas das concepções fundamentais dos filósofos modernos.

INTRODUÇÃO À EPISTEMOLOGIA

ATIVIDADES

Para consolidar o entendimento dos temas tratados neste capítulo, responder por escrito às questões a seguir pode ajudar, assim como escrever de uma a duas páginas sobre cada um dos tópicos indicados.

1. Qual foi a influência da matemática nos racionalistas modernos?
2. O que Descartes compreende por intuição?
3. O que Descartes compreende por dedução?
4. Como intuição e dedução são coordenadas no método cartesiano?
5. O que Descartes compreende por percepção clara e distinta?
6. Quais são os dois momentos da investigação dubitativa da Primeira Meditação?
7. De que forma Descartes chega à primeira verdade, o *Cogito*?
8. Por que Descartes precisa provar a existência de Deus?
9. Como Descartes explica a possibilidade do erro?
10. Por que, para Descartes, o conhecimento é um processo isolado do mundo?

Tópico 7: Os papéis da intuição e da dedução no método de Descartes.

Tópico 8: O papel de Deus como fiador da verdade nas *Meditações*.

Veja que não se trata de duas perguntas, mas de duas afirmações que podem ser feitas com base nas teorias tratadas neste capítulo, e que podem ser sustentadas e explicadas detalhadamente, que é o que deve ser feito nesta atividade.

5. Empirismo

Desde John Locke até David Hume, passando por George Berkeley, o empirismo britânico representou um momento importante na consolidação da epistemologia como disciplina. As críticas ao racionalismo continental europeu lançadas por esses autores, sobretudo as de Locke e Hume, permitiram aprofundar a reflexão dos próprios racionalistas sobre algumas de suas concepções, como foi o caso de Kant.

Além disso, embora encontremos em Locke uma perspectiva ainda próxima do fundacionismo, e que será mantida por Kant, com Hume, temos uma primeira doutrina epistemológica falibilista, como mencionamos anteriormente. Além do falibilismo, a filosofia de Hume incorpora elementos naturalistas, como veremos neste capítulo. Com isso, o autor ligado ao empirismo britânico que realmente marcou profundamente a história da epistemologia moderna foi Hume, e por essa razão concentraremos as discussões deste capítulo em sua teoria, em particular, na versão que ele mesmo apresentou na *Investigação sobre o entendimento humano* (1777). Hume publicou antes o *Tratado da natureza humana* (1739-1740).

Ainda que haja talvez certo exagero de Kant em dizer que foi Hume que o despertou de seu sono dogmático, como será comentado no próximo capítulo, de fato, Hume é o empirista que lançou o maior

INTRODUÇÃO À EPISTEMOLOGIA

desafio para a epistemologia como um empreendimento que visava à fundamentação do conhecimento empírico em geral, inclusive aquele que encontramos nas ciências da natureza.

O desafio empirista retoma a linha de argumentação da tradição britânica que antecedeu os empiristas modernos do período entre Locke e Hume, isto é, os nominalistas medievais, que eram críticos do realismo platônico. Essa crítica se estendeu a toda metafísica e à ciência aristotélica com Francis Bacon. Como veremos no próximo capítulo, a crítica à metafísica tradicional será um dos pontos-chave do pensamento de Kant. Desse modo, desde os nominalistas medievais e de Bacon, passando por Locke e Hume, e chegando a Kant, o projeto de fundamentar as ciências mostrou-se ao mesmo tempo como o projeto de depurar a filosofia, de banir dela as teorias especulativas mal fundamentadas. E Hume é, de fato, um autor de fundamental importância nesse processo. Ele não apenas desafiou o dogmatismo continental, mas também os próprios objetivos do empirismo, aqueles de fundamentar o conhecimento na experiência e nas capacidades do entendimento humano.

MODELOS DO INTELECTO

Em outro aspecto particular o pensamento empirista influenciou aquele de Kant, a saber, na elaboração de modelos do intelecto humano. Descartes também possuía uma concepção, digamos, "estrutural" do intelecto, distinguindo entre faculdades, relações entre elas e seus próprios conteúdos, como as ideias inatas. Embora Descartes tivesse elaborado um modelo ao mesmo tempo fisiológico e psicológico do ser humano, que ele apresenta nas *Paixões da alma*, no que diz respeito ao funcionamento das faculdades puramente intelectivas (como a sensibilidade e o entendimento, por exemplo),

102

EMPIRISMO

ele não apresentou um modelo mais elaborado, que descrevesse os supostos "mecanismos" mentais, mostrando detalhadamente como eles são responsáveis por uma parte do conhecimento humano.

Em contrapartida, o modelo apresentado por Hobbes, autor também britânico, debatedor e crítico de Descartes, como foi mencionado no final do capítulo anterior, por sua vez, tinha por objetivo descrever tais mecanismos. E, certamente, essa perspectiva marcou mais o pensamento da tradição britânica.

O modelo apresentado por Hobbes no *Leviatã* (1651) descrevia o conhecimento como um processo iniciado fora do organismo humano, pela ação causal dos objetos fora de nós sobre nossos órgãos dos sentidos, e explicava a continuação desse processo, dentro do organismo, por meio de determinados mecanismos, inclusive o papel desempenhado pela linguagem. Também Locke, em seu *Ensaio acerca do entendimento humano* (1690), dedica uma parte da obra à discussão da linguagem e de sua relação com o conhecimento.

Em contraste com a separação radical que Descartes fez entre os eventos mentais, inclusive o conhecimento, e os eventos naturais, o modelo de Hobbes já continha um elemento claramente naturalista, ou seja, já procurava descrever o conhecimento humano e os processos intelectivos como parte de processos "no mundo", isto é, como parte dos acontecimentos dentro da mesma realidade natural que a nova ciência procurava estudar e explicar.

Essa perspectiva também se encontra no pensamento de Hume. Entretanto, o modelo de Hume se concentra nos mecanismos – que ele denomina "princípios" – que permitem a aquisição de ideias e as relações entre elas. Nesse particular, o modelo de Hume é semelhante ao de Locke, que também visava à descrição dos mecanismos mentais que permitem adquirir ideias e combiná-las. Começaremos descrevendo rapidamente o modelo de Locke, para depois passarmos àquele de Hume.

Um dos pontos principais do pensamento epistemológico de Locke, tal como ele o apresenta no *Ensaio acerca do entendimento humano*, é a crítica à doutrina das ideias inatas de Descartes, em particular, às ideias metafísicas, como "substância", "essência" etc., inclusive a ideia de Deus. O objetivo geral de Locke era mostrar que todas as nossas ideias têm origem na experiência, e que o entendimento possui meios pelos quais pode combiná-las. Isto é, o entendimento pode tomar as ideias simples, originadas na experiência, e produzir a partir delas ideias complexas. Essas últimas, por sua vez, também podem corresponder a coisas no mundo; e, de fato, são legítimas na medida em que representam coisas possíveis. Há um viés verificacionista no pensamento de Locke, que influenciará a tradição epistemológica posterior, chegando aos positivistas lógicos. O mesmo viés verificacionista se encontra também em Hume.

Tomemos, por exemplo, a ideia de "montanha de ouro". Se nunca observamos no mundo uma montanha de ouro, essa é uma ideia complexa, elaborada a partir das ideias simples de "montanha" e de "ouro". Mas a ideia de montanha de ouro é legítima, uma vez que diz respeito a algo possível, e pode ser reduzida às ideias simples de montanha e ouro. Além disso, diz Locke, também possuímos ideias de relação, como quando tomamos, por exemplo, as ideias de "montanha" e de "vale" conjuntamente, mas sem combiná-las.

Ainda mais importante, também possuímos ideias abstratas, que são aquelas obtidas quando separamos uma ideia das outras que a acompanham em sua existência real. Por exemplo, se tomarmos diversas coisas brancas (como uma folha de papel, a neve, as nuvens etc.), poderemos obter a ideia de "brancura" como uma ideia abstrata. Desse modo, Locke abre caminho para explicar a origem das noções metafísicas, dando continuidade à perspectiva adotada pelos nominalistas medievais em sua polêmica contra os realistas platônicos sobre os universais. No caso dos universais, tema que já comentamos,

EMPIRISMO

temos as palavras e as noções correspondentes, mas não as coisas denotadas por elas, sustentavam os nominalistas.

Quanto à origem de nossas ideias, assim como Hume, Locke admite duas fontes que conjuntamente constituem o domínio da experiência. Para Locke, temos ideias provindas da sensação, isto é, o sentido externo, que nos coloca em relação com as coisas externas a nós. Mas temos também ideias provindas da reflexão, que é o sentido interno, por meio do qual temos percepções de nossos próprios processos mentais. Hume também admite impressões internas e externas como as fontes de nossas ideias, sendo elas conjuntamente o domínio da experiência.

Em comparação com a noção contemporânea de experiência, a posição de Locke e de Hume a esse respeito era bastante liberal. Hoje em dia, é comum considerarmos o domínio da experiência como aquele restrito aos sentidos externos, isto é, restrito às informações obtidas por meio dos cinco sentidos. A partir do final do século XIX, e sobretudo no início do século XX, com o surgimento da tradição behaviorista na filosofia e na psicologia, e também por influência da psicanálise, o recurso à observação interna ou introspecção começou a ser visto cada vez mais com suspeição, terminando por ser considerado metodologicamente inaceitável.[1] De qualquer forma, para os autores da época, a introspecção era um método de observação tão legítimo quanto aqueles empregados por meio dos sentidos externos.

---

1   Os principais autores ligados à tradição behaviorista em psicologia são John Watson e B. F. Skinner. Na filosofia, Wittgenstein e Gilbert Ryle são os autores ligados a esse ponto de vista, mesmo que não aceitassem tal rótulo. Para uma introdução geral às principais ideias da tradição behaviorista, cf. Dutra (2005, Capítulo 5). Embora com princípios muito diferentes daqueles da tradição behaviorista, a psicanálise de Freud também coloca a introspecção (ou, pelo menos, determinado tipo dela) sob suspeita como fonte confiável de informação sobre os processos mentais.

INTRODUÇÃO À EPISTEMOLOGIA

Quanto às ideias propriamente, por sua vez, há uma diferença importante, contudo, no significado do termo em Locke e em Hume. Para Locke, uma ideia é tudo aquilo que está presente no entendimento. Para Hume, ao contrário, as ideias são cópias de impressões. O termo mais geral empregado por Hume é "percepção". Nossas percepções se dividem, segundo ele, em impressões e ideias, e as primeiras são as mais fortes ou vivazes; as segundas, as menos vivazes ou mais fracas. As ideias são mais "fracas" porque são cópias de impressões. Ouvir, ver ou sentir algo são impressões, assim como amar, odiar, desejar ou querer; mas, pela memória, podemos recordar uma dessas impressões, ou, pela imaginação, podemos antecipar uma delas. Temos então as ideias correspondentes. Fica claro, assim, que as impressões são mais vivazes que as ideias que delas decorrem.

O mais importante no modelo de Hume são as formas pelas quais combinamos nossas ideias. Segundo ele, são três os princípios de associação de ideias, a saber:

(1) semelhança;
(2) contiguidade (de tempo ou de lugar); e
(3) causa e efeito (ou causação).

Por semelhança, relacionamos, por exemplo, um retrato e a figura original, como quando reconhecemos uma pessoa que foi retratada. Por contiguidade de tempo, relacionamos, por exemplo, um dia da semana (digamos, terça-feira) ou com aquele que vem antes dele ou com aquele que vem depois (como: segunda ou quarta-feira). Ainda por contiguidade, dessa vez, de lugar, relacionamos, por exemplo, um cômodo de uma casa com outro que se encontra ao lado dele. Por fim, por causação, relacionamos um ferimento com a dor que ele causa, ou o ferimento com o objeto que o produziu.

EMPIRISMO

O mais importante, para Hume, é que, em todos esses casos, as associações são, por assim dizer, "permitidas" e possibilitadas por esses princípios (ou "mecanismos"). Mas não são impostas por eles. Não é imperativo que façamos associações entre nossas ideias; mas, se as fizermos, diz Hume, elas serão sempre feitas por meio de um ou mais desses três princípios de associação de ideias, não existindo, explica o autor, um possível quarto princípio. Hume convida o leitor a procurar ele mesmo um quarto princípio, observando o desenrolar de suas próprias ideias, o que mostra como ele admitia o recurso à introspecção como método empiricamente informativo, tal como comentamos.

Além disso, Hume ainda apresenta outra distinção fundamental no desenvolvimento de sua teoria, aquela entre:

(A) relações de ideias, e
(B) questões de fato.

Como o próprio nome diz, as relações de ideias não implicam nenhuma existência real, mas apenas a mera relação das ideias. Isso é suficiente, diz Hume, para fundamentar e explicar nossos raciocínios nas questões matemáticas, aquelas que, depois, Kant denominará "juízos analíticos". Nas relações de ideias, é preciso apenas que não haja contradição.

Ao contrário, nas questões de fato, que implicam a existência real e relações entre as próprias coisas, diz Hume, há uma peculiaridade, que é o fato de que todos os nossos juízos (em questões de fato) se baseiem no uso da relação de causação. Esse é o tema do conhecimento comum do mundo e das ciências da natureza, e é a esse respeito que encontramos a parte principal da discussão de Hume na *Investigação*. Veremos no próximo capítulo que Kant amplia consideravelmente a discussão desse tópico, aquele dos juízos sintéti-

INTRODUÇÃO À EPISTEMOLOGIA

cos, mesmo que considere a discussão de Hume fundamental para o desenvolvimento de suas próprias ideias a respeito do conhecimento empírico. E, ao contrário de Hume, Kant vai retomar uma atitude fundacionista, procurando mostrar que há necessidade lógica em nossos juízos causais, o que Hume negava, como veremos a seguir.

A RELAÇÃO CAUSAL EM XEQUE

Segundo Hume, o contrário de uma questão de fato é sempre possível. Que o sol não nascerá amanhã ou que ele não vai derreter um pedaço de manteiga exposto a seus raios, essas são coisas tão possíveis quanto seus contrários. É aqui que a teoria de Hume começa a revelar sua originalidade e sua profundidade, pois ela contraria o senso comum. E, de fato, ela permite explicar aquilo que é obvio do ponto de vista do senso comum. A teoria de Hume permite mostrar a origem e os mecanismos pelos quais adquirimos opiniões tão fortes a respeito do curso dos eventos naturais, de tal modo que achemos implausível sua afirmação de que o contrário de uma questão de fato é sempre possível. De fato, não acreditamos que o sol não vá derreter um pedaço de manteiga, nem que ele não vá nascer amanhã de manhã. Acreditamos no contrário dessas coisas. É a origem dessa crença que cabe então explicar, diz Hume.

Tomemos o caso da possibilidade de um pedaço de manteiga não derreter se colocado em exposição ao sol. Para o saber comum, nada pareceria mais contra-intuitivo ou pouco provável, obviamente, já que a experiência – que também é o ponto de partida de Hume – nos ensina que os pedaços de manteiga derretem ao sol. Assim, de um lado, temos diversos casos de experiências específicas, nas quais pedaços de manteiga foram expostos aos raios do sol e derreteram. Além disso, temos uma variedade de experiências semelhantes, nas

EMPIRISMO

quais, por exemplo, pedaços de cera, pedaços de sorvete etc. foram colocados em exposição ao sol e também derreteram. Assim, parece muito improvável que os efeitos esperados de tais operações não se deem. Hume concorda que possuímos tais crenças, mas ele quer mostrar que elas não têm origem em processos do entendimento, e que, portanto, não possuem qualquer força ou validade lógica.

A teoria de Hume leva em conta o fato de que temos fortes expectativas em relação às questões de fato. Mas o ponto principal de sua argumentação é exatamente que essas expectativas foram adquiridas por força da experiência passada, e que elas não representam pensamentos ou raciocínios que possam ser sustentados de um ponto de vista lógico. A teoria de Hume é, de fato, uma teoria da aquisição de crenças causais, ou de crenças a respeito de relações supostamente causais entre determinados pares de objetos apresentados na experiência. A teoria procura explicar como adquirimos as crenças que temos em relação ao curso dos acontecimentos naturais, e por que tais crenças não são o resultado de um processo racional dedutivo, pelo qual tiraríamos conclusões a partir de premissas. Ao contrário, somos apenas levados pela força dos acontecimentos naturais dentro e fora de nós. Em nós, diz Hume, há um princípio que preside a todos esses processos de aquisição de crenças causais, que ele denomina "Hábito" ou "Costume".

A análise de Hume do modo pelo qual adquirimos nossas crenças causais começa pelo exame do que é, de fato, do ponto de vista da experiência, uma relação causal. A relação de causa e efeito é uma relação de ideias, como vimos anteriormente; mas os objetos da experiência ou ideias que ela relaciona não são dados de maneira isolada. Para voltarmos ao exemplo anterior, quando dizemos que o sol (ou seu calor) é a causa do derretimento de um pedaço de manteiga (ou da elevação de sua temperatura), o que temos, de fato, são dois episódios naturais, duas cenas ou objetos. O primeiro é o sol ou aquela cena na qual, num dia de sol, um pedaço de manteiga é colocado em exposição a seus raios. O segundo episódio ou evento é aquele em que esse pedaço de manteiga não apresenta mais suas características iniciais, e agora está derretido.

Relacionamos os dois eventos por meio do princípio de associação de ideias que é a causação, obviamente. No entanto, o problema não está nisso, mas no fato de que, ao mesmo tempo, adquirimos a expectativa de que, em novos pares de eventos similares, o mesmo ocorrerá. Para outros pedaços de manteiga ou para pedaços de substâncias similares (como sorvete, cera etc.), também temos a expectativa de que a mesma sequência de acontecimentos ocorrerá. O princípio de associação de ideias segundo a causação não explica a aquisição dessas expectativas e das crenças que temos nas relações causais dos objetos da experiência. É necessário invocar outro princípio, que Hume denomina "Hábito".

A relação causal de que se trata aqui é apenas aquela sucessão de eventos naturais, sucessão na qual denominamos "causa" o evento anterior no tempo e "efeito" aquele que é posterior no tempo. Mas a relação entre eles, argumenta Hume, não pode ser observada. Vemos que um pedaço de manteiga exposto ao sol derrete; vemos isso diversas vezes. Vemos que pedaços de substâncias de consistência semelhante (como cera e sorvete) também derretem quando expostos ao sol. Mas, em nenhum caso, observamos qualquer "poder" por meio do qual o sol agiria sobre os pedaços dessas substâncias. Pode-se presumir a existência de tais poderes, como Locke dizia, mas a experiência não os revela. Ou seja, segundo Hume, observamos as conjunções constantes entre determinados eventos que, na experiência, são seguidos de outros; mas não observamos propriamente a "relação" entre eles.

Se pudéssemos observar o poder ou a relação por meio da qual o primeiro evento age sobre o outro, e produz então seu efei-

EMPIRISMO

to, nossas conclusões em questões de fato estariam inteiramente apoiadas na experiência. Mas o que ocorre, argumenta Hume, é que a experiência nos oferece apenas as conjunções constantes entre eventos concomitantes, e que costumamos relacionar, denominando o primeiro "causa" e o segundo "efeito". Por isso, há algo que nem a experiência nem o raciocínio podem acrescentar ao processo de aquisição de expectativas e crenças causais. E é a explicação para isso que Hume deseja apresentar.

A explicação de Hume é que há um princípio da natureza humana – o "Hábito" ou "Costume" – que é responsável por essa transição. Esse princípio age toda vez que somos expostos à conjunção constante de determinados objetos da experiência, razão pela qual podemos também adquirir crenças causais erradas ou supersticiosas. Mas, na maior parte das vezes, diz Hume, o princípio do Hábito nos leva a adquirir crenças causais que são efetivamente úteis para nos movermos no mundo. Como veremos adiante, tais crenças são também úteis para a sobrevivência.

Para Hume, tanto o Hábito quanto a observação da conjunção constante de objetos na experiência são, isoladamente, condições necessárias, mas não suficientes para adquirirmos crenças causais. Contudo, em associação, as conjunções constantes observadas e o princípio do Hábito são condições suficientes para termos as expectativas de que o futuro será igual ou semelhante ao passado, para que, portanto, acreditemos que determinados eventos são causas de outros, que são seus efeitos. Um ser dotado do princípio do Hábito, mas que não seja exposto a repetições na experiência, não adquirirá crenças causais. Por outro lado, um ser que é exposto a tais repetições na experiência, mas que não é dotado do princípio do Hábito, também não adquirirá crenças causais.

Ao contrário dos princípios de associação de ideias, que apenas permitem, mas não obrigam a relacionar ideias, o princípio do

INTRODUÇÃO À EPISTEMOLOGIA

Hábito acarreta seus efeitos necessariamente, afirma Hume. Mesmo possuindo os três princípios de associação de ideias, pode ser que não façamos qualquer associação entre determinadas ideias. Mas, por sua vez, a posse do princípio do Hábito nos leva inevitavelmente a adquirir expectativas e crenças causais quando somos submetidos à repetição na experiência. Hume diz que esse mesmo princípio é o responsável por adquirirmos hábitos, isto é, aquelas ações que fazemos automaticamente depois de repeti-las algumas vezes.

O mais importante para Hume é que as crenças causais não são adquiridas por processos racionais ou do entendimento. Ao contrário, as crenças causais são "sentimentos", afirma Hume. Trata-se de um tipo de processo que hoje denominamos meramente "psicológico" (embora o termo não existisse na época de Hume), e não um processo "lógico". E, por isso mesmo, a alegação inicial de Hume – de que o contrário de uma questão de fato é sempre possível – nos parece tão implausível, pois ela contraria um "sentimento" que temos em relação ao mundo natural, e não uma conclusão que logicamente tiramos da observação que dele fazemos.

Para que as crenças causais correspondam a raciocínios ou inferências logicamente válidas, seria preciso que elas figurassem como conclusões de argumentos válidos, nos quais algumas das premissas seriam os relatos das repetições que observamos na experiência. Mas, mesmo assim, em tais argumentos, ainda faltaria outra premissa, aquela que afirmasse que, na natureza, o futuro sempre vai se assemelhar ao passado, ou seja, o conhecido "princípio de uniformidade da natureza". Tal princípio, que é algo em que também podemos acreditar, é igualmente tirado da experiência. Ele decorre de generalizarmos a partir de experiências particulares de repetições. E, assim, esse suposto princípio não pode figurar naquele argumento, para permitir uma conclusão logicamente fundamentada, pois ele também foi tirado da experiência.

O problema da causação, analisado por Hume, também passou para a história da epistemologia como o problema da indução. Ou seja, por generalização, a partir de alguns casos, tiramos conclusões gerais sobre os objetos dados na experiência. Como argumentarão alguns autores que, depois de Hume, se dedicaram ao exame dessa problemática (entre eles, Carnap, cujas ideias serão examinadas no capítulo sobre o positivismo lógico), o máximo que podemos obter em termos de justificativa lógica em um argumento indutivo é determinado grau de probabilidade. Mas jamais temos validade lógica e justificação, tal como o próprio Hume afirmou.

UMA ESPÉCIE DE "HARMONIA PREESTABELECIDA"

As análises de Hume sobre a causação são certamente falibilistas. Elas não permitem uma justificação de nossos raciocínios em questões de fato nem uma justificação última das induções e das ciências, que dependem desse tipo de estratégia de observação e inferência. Mas, por outro lado, tais análises nos dão uma explicação de caráter psicológico – e, portanto, naturalista – para nossas crenças causais e para a firmeza com que acreditamos na regularidade dos processos naturais. A teoria de Hume possui, assim, esse viés claramente naturalista, inserindo uma parte do conhecimento que temos do mundo em um contexto de processos naturais.

Hume termina a seção 5 da *Investigação* com comentários desse tipo. E ele afirma mesmo que é como se houvesse uma espécie de harmonia preestabelecida entre o curso dos acontecimentos naturais e aquele de nossos pensamentos, uma vez que não é pela observação pura e simples de tais acontecimentos que adquirimos as crenças causais que temos a seu respeito. Ele explica:

INTRODUÇÃO À EPISTEMOLOGIA

Aqui então há um tipo de harmonia preestabelecida entre o curso da natureza e a sucessão de nossas ideias; e embora os poderes e forças por meio dos quais a primeira é governada nos sejam completamente desconhecidos, mesmo assim, ainda vemos que nossos pensamentos e concepções ainda prosseguem da mesma maneira que outras obras da natureza. O Costume é aquele princípio pelo qual essa correspondência se dá, um princípio tão necessário à sobrevivência de nossa espécie e à regulação de nossa conduta, em todas as circunstâncias e ocorrências da vida humana. (Hume, *Investigação sobre o entendimento humano*, seção 5, §44)

As crenças causais, Hume continua, são aquilo que temos em comum com outras espécies animais, que também regulam sua relação com o ambiente dessa maneira. Vale lembrarmos que, na *Investigação*, há uma seção cujo título é "Da razão dos animais". A "razão" ali mencionada é, obviamente, apenas uma "razão prática" ou "pragmática", por meio da qual regulamos nossa conduta mediante as crenças causais que temos, e não a razão no sentido clássico, nem naquele em que o termo será tomado por Kant.

Isso não constitui desvantagem, mas uma vantagem, afirma Hume. Se tivéssemos que, pelo raciocínio ou por processos intelectivos inteiramente racionais e lógicos, chegar às conclusões a que chegamos por meio da ação do Hábito quando somos colocados diante da repetição na experiência, o procedimento seria muito mais longo e menos eficiente. Assim, esse tipo de conhecimento "não racional" constitui uma forma mais eficiente de conhecimento do ponto de vista prático, aquele que nos permite um relacionamento bem-sucedido com o ambiente.

Entretanto, o que é uma vantagem para a sobrevivência e para que possamos lidar com o ambiente de maneira eficiente é uma desvantagem para a epistemologia. Não podemos fundamentar nosso conhecimento em questões de fato, mas apenas explicar de que maneira o adquirimos de modo tão forte e natural. É a própria experiência, diz Hume, que nos autoriza a tirar essas conclusões. O princípio do Hábito é um princípio que conhecemos por seus efeitos, e, portanto, cuja existência em nós podemos supor. Obviamente, o termo "princípio" aqui utilizado não possui o mesmo significado que tem quando o empregamos para falar de princípios lógicos ou racionais. Trata-se apenas de um "princípio explicativo", podemos dizer. A palavra mais corrente hoje seria talvez "mecanismo". Há um "mecanismo" psicológico, diríamos, que nos leva, como afirma Hume, a adquirir crenças causais na presença da repetição na experiência.

A RELAÇÃO COM O CETICISMO

O falibilismo de Hume lembra, obviamente, aquela posição dos céticos pirrônicos que comentamos anteriormente. Tem sido comum na literatura de comentário à filosofia de Hume discutir em que medida esse autor estava ligado à tradição pirrônica. De fato, na seção 12, que é a última da *Investigação*, Hume trata do ceticismo. Há ali, contudo, uma confusão terminológica, pois Hume associa equivocadamente o termo "pirronismo" a uma forma de ceticismo radical, de tendências niilistas. Por outro lado, ele argumenta em favor de uma forma de "ceticismo mitigado", que ele considera correto. Ora, o ceticismo mitigado de que fala Hume é, de fato, uma posição compatível com o pirronismo e com aquela atitude ligada ao mundo fragmentado de que também falamos anteriormente.

Tal ceticismo mitigado é associado por Hume à denominação "filosofia acadêmica", em contraposição ao que ele chama então de "ceticismo excessivo" dos pirrônicos. A mencionada confusão terminológica reside exatamente no fato de que os filósofos acadêmicos, aqueles ligados à Nova Academia, sustentavam, eles sim, uma

INTRODUÇÃO À EPISTEMOLOGIA

forma "excessiva" ou radical de ceticismo.[2] Mas Hume os toma como defensores de uma forma mitigada de ceticismo, considerando que os pirrônicos (como Sexto Empírico) sustentam uma forma radical ou excessiva de ceticismo.

De qualquer modo, esclarecida a confusão terminológica, o que Hume deseja sustentar resulta perfeitamente claro. Ele considera que uma atitude completamente negativa em relação ao conheci-mento humano não é o caso, pois, embora não possamos justificar racionalmente nossas crenças causais, podemos compreendê-las per-feitamente de um ponto de vista naturalista, ao que Hume se refere dizendo que se trata de algo que resulta do bom senso.[3] Em outras palavras, o bom senso nos diz que não podemos tomar nem uma atitude justificacionista forte, nem uma atitude de completa descrença no conhecimento humano. A justa medida, segundo Hume, está no ceticismo mitigado, ou na atitude de entender as crenças causais como resultado da experiência e da própria natureza humana. Em suma, segundo Hume, o bom senso e alguma reflexão nos conduzem a tomar a atitude do ceticismo mitigado, em vez das atitudes extremas do fundacionismo ou do ceticismo radical (niilismo).

Esse aspecto do pensamento epistemológico de Hume teste-munha sua importância e atualidade para as reflexões epistemológicas ainda hoje. O resultado final de suas reflexões sobre o conhecimento

---

2   Os filósofos da Nova Academia, a partir de Carnéades (c. 150 a.C.), sustentavam uma forma radical de ceticismo, negando a possibilidade do conhecimento. Do ponto de vista dos pirrônicos, tal como Sexto Empírico retrata essa postura, a filosofia dos Acadêmicos é uma forma de dogmatismo negativo, e não de ceticismo, no sentido em que os pirrônicos tomam o termo.

3   É necessário esclarecer que Hume utiliza a expressão *"common sense"* (que, em inglês, significa literalmente "senso comum"), mas no sentido do que denomi-namos em português "bom senso". O senso comum, no sentido que damos à expressão em português, contudo, nem sempre deriva inteiramente do bom senso, tal como o significado da expressão inglesa sugere.

humano, traduzido nos termos que empregamos hoje, seria algo como o seguinte: mesmo quando não podemos justificar nossas cognições, nosso entendimento sobre elas pode progredir se tomarmos o caminho mais modesto (falibilista e naturalista), que nos leva a procurar compreender os processos cognitivos como parte de nossa presença no mundo, como parte daquilo que nos liga ao mundo que nos rodeia.

RESUMO

O empirismo britânico representa um importante desenvolvimento da epistemologia moderna, criticando o racionalismo continental e sua primeira fase, aquela de Descartes, e dando lugar a uma revisão dessa própria posição, com Kant.

Entre os principais empiristas, temos Hume e sua teoria que visa a explicar como adquirimos nossas crenças causais, mesmo que elas não possam ser racionalmente justificadas.

Para Hume, nossas crenças causais resultam de sermos expostos a conjunções constantes de eventos que se dão na experiência e da ação do princípio do Hábito ou Costume, que é o mesmo princípio da natureza humana que explica por que adquirimos determinados hábitos ao repetirmos certas ações. A observação de conjunções constantes e o princípio do Hábito, em associação, constituem as condições necessárias e suficientes para adquirirmos crenças causais sobre os processos naturais.

Embora não possamos justificar racionalmente nossas crenças causais, segundo Hume, podemos compreender seu surgimento e a força que elas possuem sobre nossa conduta no mundo. De acordo com Hume, é como se houvesse uma espécie de harmonia preestabelecida entre a sucessão de nossas ideias e aquela dos eventos naturais,

INTRODUÇÃO À EPISTEMOLOGIA

de tal modo que nossa forma de compreender o mundo se adapta ao que ocorre. Se tivéssemos que tirar as mesmas conclusões por processos do entendimento e do raciocínio, o resultado seria muito mais lento e inferior. Disso podemos então inferir, afirma Hume, que embora não sejam racionalmente justificáveis, nossas crenças causais são úteis até mesmo para nossa sobrevivência.

A posição de Hume a esse respeito e a respeito do conhecimento humano em geral é uma forma de falibilismo e de naturalismo. Ela é compatível com o ceticismo pirrônico, ou com aquela atitude que Hume denominou ceticismo mitigado. Trata-se da mesma atitude de modéstia intelectual que, anteriormente, mencionamos como a atitude ligada à concepção do mundo fragmentado.

LEITURAS RECOMENDADAS

A leitura recomendada para os temas discutidos neste capítulo é a obra *Investigação sobre o entendimento humano* de Hume, pelo menos as cinco primeiras seções, nas quais a problemática aqui discutida é detalhadamente explicada pelo autor.

ATIVIDADES

Para consolidar o entendimento dos temas tratados neste capítulo, responder por escrito às questões a seguir pode ajudar, assim como escrever de uma a duas páginas sobre cada um dos tópicos indicados.

1. O que são as ideias segundo Locke?
2. Como se dividem, segundo Hume, nossas percepções?

3. O que são nossas ideias, segundo Hume?
4. Quais são os princípios de associação de ideias? Dê exemplos.
5. Qual é a ação dos princípios de associação de ideias?
6. Qual é a diferença, segundo Hume, entre relações de ideias e questões de fato?
7. De que forma têm origem nossas crenças causais?
8. Qual é a ação do princípio do Hábito ou Costume?
9. Por que podemos dizer, do ponto de vista de Hume, que haveria uma espécie de harmonia preestabelecida entre o curso de nossas ideias e aquele dos eventos naturais?
10. Por que a teoria de Hume é falibilista e naturalista?

Tópico 9: A diferença entre os princípios de associação de ideias e o princípio do Hábito, segundo Hume.

Tópico 10: O ceticismo mitigado de Hume.

Veja que não se trata de duas perguntas, mas de duas afirmações que podem ser feitas com base nas teorias tratadas neste capítulo, e que podem ser sustentadas e explicadas detalhadamente, que é o que deve ser feito nesta atividade.

6. Filosofia Crítica

Kant é a grande figura do período em que a epistemologia surgiu e se consolidou como disciplina filosófica. Guardadas as proporções e especificidades dos seguintes dois domínios de estudo – a física e a filosofia –, não seria exagero dizer que Kant foi o "Newton" da epistemologia. Assim como a teoria de Newton, a de Kant foi posteriormente revista e emendada, até ser superada e substituída por outras. Mas é inegável o que o pensamento ocidental deve a esses dois autores em suas respectivas áreas.

No caso de Kant e da epistemologia, as tradições racionalista e empirista foram conduzidas a uma espécie de unificação, na qual Kant pretendeu resgatar as virtudes e eliminar os defeitos de cada uma dessas escolas de pensamento epistemológico. Kant é certamente um racionalista – de fato, o maior deles –, mas o pensamento empirista teve profunda influência sobre ele. O próprio Kant explicitou isso, de forma dramática, ao dizer que Hume foi o autor que o "despertou de seu sono dogmático".[1] O que Kant quis dizer foi: com Hume, o pensamento empirista lançou um desafio à filosofia que não poderia ser ignorado, a saber, o de fundamentar o conhecimento empírico e,

---

1   Esta observação se encontra no Prefácio aos *Prolegômenos* (1783).

consequentemente, as ciências, em particular, a matemática e a ciência da natureza (a física, no sentido antigo do termo).

Em sua obra, Kant vai muito além. Sucessivamente, nas três críticas – *Crítica da razão pura* (1787), *Crítica da razão prática* (1788) e *Crítica do juízo* (1790) –, ele fundamenta não apenas o conhecimento humano, mas também a ação, com base em um exame exaustivo do intelecto humano e suas faculdades. De fato, na linguagem de hoje, podemos dizer que Kant elabora uma espécie de modelo do intelecto, no qual três faculdades ganham destaque – a sensibilidade, o entendimento e a razão –, modelo que permite explicar nossa vida intelectiva e ativa.

A fundamentação do conhecimento e a parte do modelo kantiano do intelecto humano que interessa principalmente para a epistemologia se encontram na *Crítica da razão pura* e nos *Prolegômenos*. São as ideias principais dessas obras que vamos expor e comentar brevemente neste capítulo. Ao mesmo tempo que fundamenta o conhecimento empírico com base no que há no próprio intelecto humano – e, por extensão, a matemática e a ciência da natureza –, a filosofia crítica faz uma avaliação radical da tradição filosófica, em particular da metafísica tradicional. Kant procura apontar o problema que há com a tradição metafísica e procura encontrar a maneira pela qual uma forma não empírica de saber poderia ter lugar, o que ele denominará "a metafísica futura, que possa se apresentar como ciência", tal como diz o título completo dos *Prolegômenos* – isto é, a epistemologia, como dizemos hoje, ou teoria do conhecimento.

A arquitetura do sistema kantiano e a profundidade técnica com a qual ele apresenta suas ideias são impressionantes e, de fato, magníficas, levando muitos a dizer que ele foi o maior filósofo de todos os tempos. Independentemente disso, de fato, Kant levou a epistemologia a um grau de profissionalização jamais visto antes e ofereceu as grandes linhas pelas quais, a partir de sua obra, o pensamento epistemológico vai se guiar, mesmo quando critica a própria perspectiva kantiana. Diante disso, este capítulo pode oferecer apenas uma breve introdução às ideias propriamente epistemológicas de Kant.

DISTINÇÕES FUNDAMENTAIS

A primeira distinção técnica importante que precisamos fazer é aquela entre os termos "transcendente" e "transcendental". O primeiro diz respeito ao que vai além da experiência possível, isto é, o que transcende seus limites; o segundo, ao que diz respeito não ao mundo que desejamos conhecer, mas às condições para conhecê-lo, isto é, segundo Kant, aquilo que se encontra no próprio intelecto humano. Pressupondo que o conhecimento humano é possível, tal como vemos, por exemplo, na matemática e na ciência da natureza, Kant se pergunta então pelas condições que o tornariam possível. E a isso se refere o que é transcendental para Kant. Os dois conceitos – de transcendente e de transcendental – estão ligados, obviamente, pois é a investigação transcendental que permite estabelecer os limites da experiência e do conhecimento humano possível, e, logo, é ela que indica aquilo que é ou não transcendente.

O oposto do transcendente é o "imanente", ou seja, o que está dentro dos limites da experiência e do conhecimento possível. Como veremos, se nos restringirmos ao que é imanente à experiência, não correremos risco algum em relação ao conhecimento humano. O risco que a metafísica tradicional corre, afirma Kant, resulta de não se restringir aos limites da experiência possível e de procurar conhecer o que está além de tais limites. A questão então é: o que está além?

Para responder a essa questão, é preciso fazer entrar em cena dois outros conceitos típicos da filosofia kantiana, a saber: os fenô-

INTRODUÇÃO À EPISTEMOLOGIA

menos (ou as coisas para nós) e os *noumena* (ou as coisas-em-si). O que é imanente à experiência é o que Kant denomina "fenômeno", ou coisa para nós. Trata-se, como veremos, do objeto que nos é dado na sensibilidade e sobre o qual o entendimento aplica suas categorias *a priori* ao formular juízos. Desse modo, podemos saber como as coisas são para nós, dadas as condições de conhecê-las que se encontram na sensibilidade e no entendimento, isto é, duas de nossas faculdades. As coisas-em-si podem, contudo, ser diferentes do que nos aparece. Não podemos conhecê-las, diz Kant. Se não podemos conhecê-las – porque elas são transcendentes –, então como podemos falar delas?

Kant faz também a distinção entre conhecer e pensar. Esses dois verbos não significam o mesmo, e a distinção entre eles nos mostra como a epistemologia kantiana é uma versão sofisticada da concepção tradicional do conhecimento como crença verdadeira e justificada. A expressão "coisa-em-si" não é puramente uma peça de determinada pseudolinguagem, completamente destituída de significado. Ela tem um significado geral, pois podemos distinguir entre fenômeno e coisa-em-si e falar dessas coisas e de sua diferença como resultado da investigação das condições de conhecimento que se encontram no sujeito transcendental, isto é, o resultado da crítica da razão que Kant empreende. Mas, ao pensarmos as coisas-em-si, não estamos a conhecê-las. No plano das ideias da razão (a terceira faculdade cuja constituição Kant analisa), apenas concebemos o correlato real (metafisicamente falando) daquilo que podemos conhecer como fenômeno (o que é manifesto para nós, dadas as capacidades de nossa sensibilidade e de nosso entendimento).

Reside, portanto, na própria razão a possibilidade da metafísica e de ela poder transcender os limites do conhecimento possível, pois podemos tomar aquilo que pode ser pensado como se fosse conhecido, e esse é o erro da metafísica tradicional. Mas por que Kant afirma tão categoricamente que não podemos conhecer as coisas-

-em-si, isto é, aquilo que pode ser concebido e pensado mediante as ideias da razão?

Aqui chegamos à noção kantiana de conhecimento. O que pode ser conhecido, para Kant, é o que é decidível. Em outras palavras, o conhecimento humano se restringe aos limites dos juízos que podem ser declarados verdadeiros ou falsos. Para Kant, como veremos, os juízos resultantes da aplicação das categorias do entendimento aos objetos dados na sensibilidade são decidíveis, isto é, podemos declará-los verdadeiros ou falsos. Os juízos feitos com base nas ideias da razão não são decidíveis desse mesmo modo. No final deste capítulo, retornaremos a esse tópico.

As ideias da razão que Kant menciona são aquelas atinentes às grandes divisões da metafísica tradicional, isto é, ideias sobre a alma humana (ou ideias psicológicas), ideias sobre Deus (ou ideias teológicas) e ideias sobre o mundo como um todo (ou ideias cosmológicas). A psicologia, a teologia racional (ou teodiceia) e a cosmologia são as três grandes disciplinas pertencentes à metafísica tradicional. Nesses domínios do saber, as questões são claramente indecidíveis, afirma Kant.

Ele se dá ao trabalho de examinar na *Crítica da razão pura* as possíveis demonstrações feitas pelos metafísicos a respeito dessas ideias da razão ou objetos de conhecimento transcendente. Por exemplo, tomando um dos problemas cosmológicos tradicionais, perguntamos se o universo tem ou não um início no tempo e se tem limites espaciais. Ora, diz Kant, podemos tanto provar uma tese – por exemplo, de que o universo possui um início temporal – quanto sua antítese – que o universo não possui um início no tempo. E ambas as provas são racionalmente aceitáveis; isto é, não há erro lógico em nenhuma delas. Isso significa que estamos discutindo um assunto que transcende os limites do conhecimento possível – porque ele é claramente indecidível, já que chegamos a uma contradição.

INTRODUÇÃO À EPISTEMOLOGIA

Ao contrário da metafísica tradicional, afirma Kant, desde os gregos até seus dias, a matemática e a ciência da natureza fizeram progresso. Essas duas disciplinas progrediram porque levantaram problemas decidíveis e seus pesquisadores se puseram de acordo em relação aos conceitos fundamentais que possibilitaram a solução de tais problemas. Diferentemente, no domínio da metafísica, os próprios fundamentos da disciplina estão o tempo todo em discussão, e as questões levantadas, como vimos no exemplo anterior, nos conduzem a impasses lógicos.

O diagnóstico de Kant sobre a situação do saber humano o conduz então a demonstrar os fundamentos da matemática e da ciência da natureza, e a mostrar que tipo de metafísica seria ainda possível. Há uma metafísica possível, que é a própria crítica da razão. Trata-se de uma metafísica porque ela não seria uma disciplina empírica (como a matemática e a física),[2] mas transcendental (e não transcendente, como a metafísica tradicional).

O que Kant propriamente expõe em sua obra epistemológica são os fundamentos da matemática pura e da ciência pura da natureza (que, por sua vez, fundamentam as correspondentes disciplinas empíricas propriamente ditas), mostrando também a possibilidade da nova metafísica enquanto crítica da razão.

A última distinção básica que precisamos comentar antes de entrarmos na discussão sobre a fundamentação kantiana dessas disciplinas é aquela entre juízos analíticos e juízos sintéticos. Os juízos

---

2   Como veremos, para Kant, a matemática também é uma disciplina empírica
     (e não meramente formal, como se considera hoje, seguindo a maior parte da
     tradição). A matemática, para esse autor, é um domínio de juízos sintéticos
     a priori, e não de juízos meramente analíticos, como para a maioria dos filó-
     sofos que vieram antes dele – e também depois, com exceção de L. Brouwer
     e seus seguidores, os adeptos do intuicionismo quanto aos fundamentos da
     matemática.

FILOSOFIA CRÍTICA

analíticos, afirma Kant, são meramente explicativos. Eles apenas, por assim dizer, explicitam o que já está contido em determinado conceito. Por exemplo, se dizemos "Todo corpo é extenso", estamos formulando um juízo meramente analítico, pois ele apenas explica o significado do termo "corpo", que é o de uma coisa extensa. O único princípio que os juízos analíticos precisam seguir para serem verdadeiros é o princípio de não contradição; ou seja, eles apenas não podem negar aquilo que, ao mesmo tempo, afirmam.

Os juízos sintéticos, por sua vez, diz Kant, são juízos ampliativos, pois acrescentam a determinado objeto algo que não está explícito em seu conceito. Por exemplo, se dissermos que "Alguns corpos são pesados", estamos fazendo um juízo sintético, pois, no conceito de "corpo", não está dado que seja um objeto pesado.[3] Esses juízos só podem ser declarados verdadeiros ou falsos com base na experiência. Mas, para Kant, a experiência, como veremos, pode ser pura ou empírica. Assim, se os juízos sintéticos de que falamos dizem respeito a objetos da experiência pura, eles são juízos sintéticos *a priori*. Toda a tradição filosófica identifica juízos sintéticos e juízos *a posteriori*, e Kant é a esse respeito, também, uma exceção. Ele afirma a existência de juízos sintéticos *a priori* e, de fato, é a aceitação desse ponto do pensamento kantiano que permite tornar plausível a fundamentação do conhecimento humano que ele apresenta. Como dirão os críticos da filosofia kantiana, a aceitação de juízos sintéticos *a priori* é ainda um resquício da metafísica tradicional no pensamento de Kant.

Independentemente da polêmica sobre a existência ou não de juízos sintéticos *a priori*, os juízos sintéticos em geral, ao contrário dos

---

3   No sentido propriamente newtoniano do termo, todos os corpos são, obviamente, pesados, pois todos estão sujeitos à força gravitacional. Mas Kant se refere ao fato de que isso é algo que é conhecido por meio do exame das relações entre os corpos, e não que decorra do próprio conceito de corpo.

INTRODUÇÃO À EPISTEMOLOGIA

juízos analíticos, segundo Kant, devem obedecer a diversos outros princípios, que são os princípios do entendimento puro e da razão pura, que Kant explica em sua obra epistemológica, e sobre os quais faremos comentários adiante.

A MATEMÁTICA PURA

Como dissemos, para Kant, a matemática não é um domínio de juízos analíticos – ou um domínio de investigação puramente formal, tal como se entende hoje e como alguns autores já sustentavam antes de Kant –, mas um domínio de juízos sintéticos. Tomemos alguns dos exemplos fornecidos pelo próprio Kant, exemplos que nos ajudam a começar a compreender em que sentido um juízo matemático é sintético. Quando afirmamos que a reta é o caminho mais curto entre dois pontos, diz Kant, não estamos fazendo uma afirmação que decorra do próprio conceito de linha reta. Do mesmo modo, quando dizemos que a soma de 7 e 5 resulta 12, também não estamos fazendo um juízo analítico, mas sintético.

Intuitivamente, talvez seja mais fácil entender o argumento de Kant em relação a uma operação aritmética simples como $7 + 5 = 12$. Se esse juízo fosse analítico, o conceito de 12 teria de já estar dado nos demais conceitos que ali aparecem, isto é, os conceitos de 5, de 7 e de soma. Mas, obviamente, esse não é o caso, uma vez que 12 também resulta de diversas outras operações, como $6 + 6$, ou $4 + 8$, e assim por diante. O que ocorre, argumenta Kant, é que tomamos, por exemplo, 7 unidades, e acrescentamos gradativamente, uma a uma, mais 5 unidades, chegando a 12. Trata-se de uma operação que constrói o objeto 12 a partir de um objeto dado (7, por exemplo), acrescentando 5 unidades àquele objeto. Essa operação é possível, explica então Kant, porque existe uma forma pura da sensibilidade, que é o tempo. O tempo é a forma do sentido interno, diz Kant, pelo qual podemos ordenar nossas percepções. E essa forma pura permite construir objetos, ou seja, formular juízos sintéticos, tal como na operação aritmética descrita anteriormente.

Do mesmo modo, é outra forma pura da sensibilidade que possibilita os juízos sintéticos no caso dos objetos da geometria, como aquele juízo segundo o qual a reta é o caminho mais curto entre dois pontos. Trata-se da forma pura do espaço ou, como Kant a denomina, a forma do "sentido externo". No conceito de reta, diz Kant, há apenas uma qualidade (o fato de não ser curva), enquanto o juízo em questão se refere a uma quantidade, por afirmar que uma reta que liga dois pontos é sempre mais curta que quaisquer outras linhas – sendo essas curvas. Esse é um juízo sintético, que depende de conhecer as propriedades do objeto em questão, propriedades essas que não são imediatamente dadas, mas que também dependem de determinadas operações.[4]

Segundo Kant, o que levou os filósofos a pensar que a matemática seria um domínio de juízos analíticos – obedecendo apenas ao princípio de não contradição – é o fato de que os juízos matemáticos não são empíricos, mas puros. Ou seja, eles não dependem de experiências. Nos dois exemplos anteriores, quaisquer demonstrações podem ser feitas independentemente da experiência. Quaisquer experiências (por exemplo, traçar uma reta entre dois pontos e algumas

---

4   Vale lembrar que a geometria de que fala Kant é sempre a geometria euclidiana. No caso da reta, supõe-se então que esta linha una dois pontos num plano. Muito se comentou sobre o fato de que a posição de Kant, segundo a qual o espaço é uma forma pura da sensibilidade, implicaria que a única geometria possível seria a euclidiana. Assim, o surgimento das geometrias não euclidianas teria refutado a doutrina kantiana das formas puras da sensibilidade. Alguns neokantianos e comentadores da obra de Kant discutem esse ponto, que deixaremos de lado por não ser essencial em nossa discussão.

INTRODUÇÃO À EPISTEMOLOGIA

curvas que também os liguem) são apenas ilustrativas, ajudando a imaginação. Mas não são verdadeiras "provas" dos conhecimentos matemáticos envolvidos.

Aqui chegamos a um dos pontos importantes da exposição de Kant na *Crítica da razão pura* (mais exatamente, na parte denominada "Estética transcendental") e nos *Prolegômenos* (na parte correspondente neste livro). Os juízos matemáticos de que temos falado são juízos sintéticos *a priori*. O fato de não serem *a posteriori* e de não dependerem da experiência não implica que não sejam sintéticos. Kant rejeita, portanto, a divisão tradicional segundo a qual se identifica o domínio *a priori* com o que é analítico, e o domínio *a posteriori* com o que é sintético.

Ao contrário da tradição, afirma então Kant, a matemática pura é possível porque tempo e espaço são formas puras da sensibilidade. Elas são constitutivas da sensibilidade, que é uma faculdade de intuir, diferentemente do entendimento, como veremos, que é uma faculdade discursiva ou de unir conceitos. Em outras palavras, a sensibilidade é a faculdade por meio da qual os objetos nos são dados. E tempo e espaço são as duas formas puras da sensibilidade, formas que possibilitam que nos sejam dados objetos. Os objetos nos são dados enquanto representados no tempo e no espaço. Para Kant, não apenas as noções de tempo e de espaço não podem ser inferidas da experiência sensível de objetos (tempo e espaço são intuições puras – e são, assim, precondições de toda experiência sensível), mas também tempo e espaço não são características das coisas-em-si. São características dos fenômenos ou coisas para nós. Para que quaisquer objetos nos sejam dados, é preciso que a sensibilidade, diz Kant, já possua as formas por meio das quais pode representá-los.

A idealidade do tempo e do espaço não torna arbitrários nem a matemática nem o conhecimento empírico do mundo. Ao contrário, já que tempo e espaço são formas puras constitutivas da sensibilidade, o mundo dos fenômenos que nos é dado é sempre o mesmo. Apenas não podemos atribuir às coisas-em-si as propriedades que conhecemos dos objetos. Não apenas os juízos matemáticos são objetivos e universais, nesse sentido, mas também aqueles juízos sobre a natureza o são, como veremos. Espaço e tempo, segundo Kant, são condições de possibilidade de haver um mundo empírico – um mundo de fenômenos – que possamos investigar e conhecer.

Além disso, como todos os objetos que nos são dados estão localizados no espaço e no tempo – esses são os limites do conhecimento possível. Pois, como veremos, o entendimento só pode ligar conceitos em juízos pressupondo os objetos dados na sensibilidade. Assim, em última instância, enquanto Kant demonstrará também a possibilidade do conhecimento do mundo da experiência, as próprias primeiras condições de tal conhecimento já apontam o veredicto kantiano negativo a respeito da metafísica tradicional, que almejava estender o conhecimento humano para além dos limites da experiência possível. Esse é um dos aspectos da filosofia crítica kantiana que nos permite dizer que ela resgata um dos pontos essenciais do empirismo dos britânicos. Mas tal empirismo é resgatado no quadro de uma filosofia racionalista sofisticada.

A CIÊNCIA PURA DA NATUREZA

Segundo Kant, todas as nossas intuições são sensíveis, isto é, todos os objetos que nos são dados são representados no tempo e no espaço – as formas puras da sensibilidade. O entendimento, por sua vez, é uma faculdade discursiva, e não intuitiva. Não há, segundo Kant, intuições intelectuais para os seres humanos. Ou seja, não podemos conhecer as coisas-em-si e diretamente, mas apenas aquilo que delas nos aparece, aquilo que é fenômeno para nós. Desse modo, para conhecer o mundo, o entendimento tem de aplicar seus conceitos a objetos já dados na sensibilidade. A doutrina kantiana da constituição do entendimento é uma das partes mais elaboradas e complexas de sua teoria do intelecto, estendendo-se por toda a parte da *Crítica da razão pura* denominada "Lógica transcendental", e corresponde a uma exposição equivalente (e resumida) nos *Prolegômenos* – a segunda parte, que trata da possibilidade da ciência pura da natureza.

O entendimento formula juízos, que são expressos em proposições. No caso dos juízos analíticos, basta que o entendimento explicite algo que já estava dado no conceito em questão, simplesmente seguindo o princípio de não contradição. No caso de juízos sintéticos, o entendimento liga conceitos que não estão necessariamente relacionados daquela mesma maneira. Para isso, como veremos, por um lado, o entendimento deve seguir outros princípios, e, por outro, se forem princípios constitutivos do próprio entendimento, esses juízos também podem ser revestidos de necessidade. Ou seja, nem todo juízo sintético é contingente, tal como os juízos *a posteriori*. Há também juízos sintéticos *a priori*, afirma Kant mais uma vez, e esses são apodíticos, isto é, necessários e universais. Está incluído nesses casos aquele analisado por Hume, como vimos no capítulo anterior. Kant procurará mostrar que há juízos causais que são revestidos de necessidade, ao contrário do que Hume sustentava.

Outra distinção feita por Kant, que não comentamos ainda e que está relacionada com esse tema, é aquela entre juízos de percepção e juízos de experiência. Os juízos de percepção possuem um valor meramente subjetivo. Mas, quando se faz um juízo mediante conceitos revestidos de necessidade, ele é um juízo de experiência. Ora, tais conceitos revestidos de necessidade são os conceitos puros do entendimento, como veremos adiante, e o conceito de causação está entre eles. Isso quer dizer que os juízos causais são juízos de experiência, e não juízos de mera percepção. Todos os objetos da

FILOSOFIA CRÍTICA

experiência constituem o que Kant denomina "natureza". Mas esse termo também significa para ele a existência de objetos como determinados por leis universais. Assim, dados *a priori*, os conceitos puros do entendimento (ou categorias do entendimento) permitem juízos sintéticos *a priori* em relação aos objetos que constituem a natureza, ou seja, a coleção dos objetos da experiência. A condição é que tais juízos empreguem as categorias segundo os princípios do entendimento.[5]

Assim se torna possível também a ciência pura da natureza, além da matemática pura. Aos objetos já dados na sensibilidade o entendimento aplica seus conceitos puros, que ele não retira da experiência, assim como tempo e espaço não têm origem na experiência. De forma similar às formas puras da sensibilidade, os conceitos puros do entendimento são a condição de possibilidade da experiência, e não o resultado de abstrações feitas a partir dela. Em outras palavras, não é a natureza que impõe suas leis ao entendimento, mas este é que as prescreve à natureza. Em suma, o que denominamos "natureza" é o que resulta da aplicação das categorias do entendimento aos objetos dados na sensibilidade. Ao contrário do que pensavam Hume e outros empiristas, não aprendemos, por exemplo, a relação causal da observação do curso dos acontecimentos naturais. Nós aplicamos ao domínio dos objetos da experiência a categoria de causação ao formularmos juízos causais (ou hipotéticos, como os denomina Kant).

Assim como a sensibilidade possui certa receptividade que tempo e espaço lhe conferem e que lhe permite ser afetada por objetos, o entendimento possui, segundo Kant, certa espontaneidade, que decorre das funções do entendimento, isto é, de sua capacidade

---

5   Para Kant, além dos conceitos puros do entendimento (ou categorias), há princípios puros do entendimento, que regulam o uso das categorias, como veremos adiante.

INTRODUÇÃO À EPISTEMOLOGIA

Tábua lógica dos juízos

Quantidade
UNIVERSAIS
PARTICULARES
SINGULARES

Qualidade
AFIRMATIVOS
NEGATIVOS
INFINITOS

Relação
CATEGÓRICOS
HIPOTÉTICOS
DISJUNTIVOS

Modalidade
PROBLEMÁTICOS
ASSERTÓRIOS
APODÍTICOS

Figura 6.1

de ordenar diferentes representações sob uma representação comum a elas. Um conceito, para Kant, é uma representação de outro conceito ou de uma intuição sensível. Assim, o que o entendimento faz ao julgar é utilizar seus conceitos (ou categorias), que são então representações de representações ou predicados de juízos possíveis.

A tábua lógica dos juízos, reproduzida na Figura 6.1, mostra as 12 formas possíveis pelas quais o entendimento produz juízos. Cada um deles é elaborado utilizando uma das categorias ou conceitos puros do entendimento.

Kant afirma que essa tábua lógica dos juízos corresponde perfeitamente à tábua das categorias ou conceitos puros do entendimento. Ou seja, cada juízo na Figura 6.1 resulta da aplicação da categoria correspondente, em conformidade ao exposto na Figura 6.2.

Tomemos, por exemplo, o caso já mencionado dos juízos causais. Trata-se de um juízo de relação, do tipo que Kant denomina "hipotético", como podemos ver na Figura 6.1. Esse juízo resulta da aplicação da categoria de causação e dependência, que é uma categoria de relação, como mostra Figura 6.2. A questão que havia sido levantada por Hume, como vimos, era que, embora esse tipo de juízo seja inevitável quando nos encontramos em determinadas circunstâncias de observação dos objetos da natureza ou do mundo em geral, ele não é revestido de necessidade. A inferência é psicologicamente inevitável, mas logicamente precária.

Figura 6.2

Kant concorda com Hume que, diante de determinadas situações, formulamos juízos causais (ou hipotéticos) inevitavelmente. Mas a explicação kantiana é completamente diferente daquela de Hume. Aplicamos a categoria de causação e formulamos juízos hipotéticos, explica Kant, em virtude da espontaneidade do entendimento que, diante de determinados objetos, ao seguir os princípios do entendimento, só pode formular juízos causais. E por isso eles são também necessários e universais, pois não há outras formas pelas quais o entendimento possa formular juízos sobre aqueles objetos dados na sensibilidade.

INTRODUÇÃO À EPISTEMOLOGIA

No caso dos juízos hipotéticos, o entendimento segue um de seus princípios constitutivos e *a priori*, que é o "princípio da sequência temporal segundo a lei de causalidade", que é formulado por Kant, na *Crítica da razão pura* (1787) da seguinte maneira: "Todas as alterações ocorrem segundo a lei de conexão de causa e efeito". Os princípios do entendimento regulam o uso de categorias e são divididos por Kant em quatro tipos, de forma correspondente à divisão das categorias e formas dos juízos, tal como mostra a Figura 6.3.

Princípios do entendimento puro

Axiomas
DA INTUIÇÃO

Antecipações	Analogias
DA PERCEPÇÃO	DA EXPERIÊNCIA

Postulados
DO PENSAMENTO EMPÍRICO EM GERAL

Figura 6.3

O princípio que regula o uso da categoria de causação é uma das analogias da experiência. A explicação dada por Kant sobre o uso dessa categoria pelo entendimento segundo esse princípio é a seguinte: ao percebemos dois objetos que se sucedem um ao outro (isto é, um estado de coisas, em determinado momento, que é diferente de outro, em outro momento), essas duas percepções são conectadas segundo o tempo (a forma do sentido interno). Desse modo, localizamos um estado de coisas antes do outro (temporalmente falando). Para que tal ordem de sucessão possa ser pensada de forma necessária, isto é, para que não invertamos a ordem temporal dos referidos estados de coisas, o entendimento deve utilizar um de seus conceitos puros. O conceito que permite pensar a conexão dos estados de coisas anteriormente mencionados é a categoria de causação e dependência. Ou seja, o entendimento não possui outra maneira de representar aqueles estados de coisas a não ser dessa maneira, pois ele deve seguir o princípio que regula o uso da categoria de causação e aplicar essa própria categoria.

É óbvio que a solução kantiana para esse problema implica certo idealismo, que Kant procura distinguir do idealismo de filósofos como Descartes (na Primeira Meditação) e Berkeley. No plano metafísico, Kant é um realista; isto é, ele afirma que existem coisas--em-si, que, todavia, não podemos conhecer. Metafisicamente falando, é preciso que elas existam para que nossa sensibilidade possa ser afetada. Isso posto, aos objetos da sensibilidade o entendimento aplica suas categorias segundo princípios, e então constitui o mundo a ser conhecido, a "natureza", como diz Kant. O que podemos então conhecer é o resultado necessário dessas operações do intelecto humano. Do ponto de vista cognitivo, nossas cognições são então necessárias e universais. Mas isso não implica que o mundo a ser conhecido seja um mundo de mera ficção. Ele é sempre um mundo "para nós", mas é um mundo sobre o qual nossos juízos podem ser necessários e universais.

Os problemas metafísicos insolúveis, que os empiristas já tinham denunciado, segundo Kant, estão localizados em outra parte, e em outro uso de nossas faculdades. Para isso, devemos também reproduzir um pouco da discussão de Kant sobre as ideias da razão e a possibilidade da metafísica.

A POSSIBILIDADE DA METAFÍSICA

Como vimos na seção precedente, Kant fundamenta a ciência pura da natureza de forma rigorosa, tal como tinha fundamentado

INTRODUÇÃO À EPISTEMOLOGIA

a matemática pura, com base na constituição do intelecto humano. Resta então examinar a possibilidade daquele outro grande ramo do saber, a metafísica e suas divisões: a psicologia, a cosmologia e a teologia racional, como mencionamos anteriormente. A possibilidade da metafísica, em princípio, residiria nas capacidades da razão, a terceira das faculdades, que, segundo Kant, constituem o intelecto humano.

A razão é, para Kant, a faculdade dos princípios e, como tal, a suprema faculdade da cognição humana. Ela confere unidade às regras do entendimento mediante princípios de ordem superior àqueles do próprio entendimento, da mesma forma como o entendimento, na hierarquia das faculdades, confere unidade ao que é dado na sensibilidade. Isso quer dizer que, sendo uma faculdade superior ao entendimento, a razão não lida diretamente com objetos. Os conceitos puros da razão são denominados por Kant "ideias transcendentais". As ideias da razão dão a forma das inferências que podemos fazer e determinam o uso do entendimento de acordo com princípios aplicados à totalidade da experiência. Lembremos que as categorias do entendimento são, por sua vez, aplicadas a objetos no interior da experiência possível.

Entretanto, sendo a faculdade de inferir, a razão pode não se restringir à regulação do uso das categorias do entendimento no âmbito da experiência possível, isto é, seu uso imanente. O diagnóstico de Kant a respeito dos problemas insolúveis da metafísica é que a razão tende a fazer inferências que ultrapassam os limites da experiência possível. Isso se deve ao fato de que, assim como as duas outras faculdades cognitivas, a razão também é dotada de certa espontaneidade. Mas, diz Kant, essa tendência natural da razão precisa ser contida, pois pode nos levar a ilusões ou falsas cognições, que são alguns dos produtos da metafísica tradicional. Portanto, é preciso que um exame das capacidades cognitivas humanas (a crítica da razão, tal como Kant compreende essa expressão) tenha um efeito terapêutico sobre a própria razão.

A razão tende a transcender os limites da experiência possível e a aplicar os conceitos puros do entendimento a coisas-em-si, e não aos fenômenos (ou coisas para nós), que são aquilo a que se aplicam corretamente os conceitos puros do entendimento. Sabemos disso, diz Kant, pelo fato de que, em sua aplicação a objetos na experiência possível, o entendimento não produz paralogismos e contradições. Mas, por sua vez, a razão os produz ao ultrapassar os limites da experiência possível. Na *Crítica da razão pura*, Kant dá diversos exemplos oriundos dos ramos da metafísica tradicional, como mencionamos no início deste capítulo. Um deles é a tentativa de provar que o mundo tem um começo no tempo e que é limitado espacialmente. Kant afirma que podemos tanto provar essa tese quanto a tese contraditória (sua antítese). Em casos como esses, Kant apresenta ambas as provas, lado a lado, em colunas de seu texto. A conclusão que se segue de seu exame é óbvia, ou seja, não se prova nada com tais raciocínios metafísicos. Segundo Kant, nesse caso, o problema consiste em tentar aplicar categorias do entendimento à totalidade da experiência, isto é, ao mundo em seu todo.

A solução para os problemas insolúveis da metafísica tradicional deve vir, portanto, da parte da crítica da razão e do uso correto de nossas capacidades cognitivas. A metafísica que ainda seria possível, segundo Kant, é apenas a própria crítica da razão. Trata-se de uma "meta-física" pelo simples fato de ela não lidar com o conhecimento do mundo (como a física, a ciência da natureza), mas com as condições que fundamentam o conhecimento do mundo.

Na verdade, o resultado final das análises de Kant sobre o que ele denominou "uso especulativo da razão" – seu uso propriamente cognitivo (distinto do uso prático, que será objeto da *Crítica da razão prática*), em oposição a seu uso para regular a ação – é que, além da

INTRODUÇÃO À EPISTEMOLOGIA

matemática e da ciência da natureza, não há outros domínios cognitivos ou informativos sobre o mundo. O que há em acréscimo é a crítica da razão, que constitui a primeira versão de uma epistemologia rigorosa, sofisticada e profissional, cuja tarefa é a de mostrar os limites e a estrutura do saber humano. Essa perspectiva terapêutica da filosofia crítica kantiana antecipa escolas filosóficas posteriores que também de forma radical elaboraram uma epistemologia voltada para a validação do saber empírico e para a eliminação dos pseudoproblemas da metafísica tradicional. Uma dessas escolas é o positivismo lógico, objeto do próximo capítulo.

RESUMO

A teoria crítica kantiana faz um exame da estrutura e das capacidades cognitivas do intelecto humano, possibilitando realizar duas tarefas complementares. De um lado, permite fundamentar a matemática e a ciência da natureza, e, de outro, diagnosticar as causas dos repetidos fracassos da metafísica, eliminando o perigo de falsas cognições, ao refrear a tendência natural da razão de extrapolar os limites da experiência possível.

A doutrina kantiana das faculdades examina, em primeiro lugar, a sensibilidade, que é a faculdade de intuir ou de apresentar objetos diretamente. Os objetos nos são dados na sensibilidade segundo as formas puras do tempo e do espaço, respectivamente, as formas do sentido interno e externo. As duas formas puras da sensibilidade fundamentam a matemática pura, que é o primeiro tipo de conhecimento legítimo então reconhecido por Kant.

À multiplicidade de objetos dados na sensibilidade, o entendimento aplica então suas categorias ou conceitos puros, produzindo juízos necessários e universais, isto é, juízos que possuem valor objetivo, já que resultam do uso correto dos conceitos segundo regras fornecidas *a priori* no próprio entendimento. Dessa forma, Kant pode resolver, por exemplo, o problema de Hume, que ameaçava a justificação racional do conhecimento do mundo. Assim, Kant fundamenta também a ciência pura da natureza.

A essas duas faculdades é que se soma a razão em seu uso imanente, isto é, possibilitando a articulação precisa do conhecimento do mundo, ou o uso dos conceitos puros do entendimento nos limites da experiência possível. O uso transcendente desses conceitos é o que leva a razão às falsas cognições da metafísica tradicional. Além da matemática e da ciência da natureza, a outra disciplina que a filosofia kantiana legitima é a própria crítica da razão, ou nova metafísica, isto é, a própria epistemologia, concebida como um empreendimento de conhecer as capacidades do próprio intelecto humano e as restrições implicadas por tal autoconhecimento.

LEITURAS RECOMENDADAS

A leitura mais recomendada para os temas deste capítulo é a obra do próprio Kant, *Prolegômenos*. Para aprofundar o conhecimento desses temas, pode-se também ler a *Crítica da razão pura*.

ATIVIDADES

Para consolidar o entendimento dos temas tratados neste capítulo, responder por escrito às questões a seguir pode ajudar, assim como escrever de uma a duas páginas sobre cada um dos tópicos indicados.

1. Explique a distinção kantiana entre transcendente e transcendental.
2. Explique a distinção kantiana entre fenômeno e coisa-em-si.
3. Explique a distinção kantiana entre conhecer e pensar.
4. Explique a distinção kantiana entre juízos sintéticos e juízos analíticos.
5. Explique a distinção kantiana entre juízos de percepção e juízos de experiência.
6. De que maneira as formas puras da sensibilidade possibilitam a fundamentação da matemática pura?
7. De que maneira as categorias e princípios do entendimento possibilitam a fundamentação da ciência pura da natureza?
8. Qual é o papel correto das ideias da razão?
9. Qual é o diagnóstico de Kant sobre os pseudoproblemas da metafísica tradicional?
10. Qual é a metafísica possível segundo Kant?

Tópico 11: A solução de Kant para o problema de Hume.

Tópico 12: A diferença entre o idealismo transcendental e o idealismo de filósofos como Berkeley e Descartes.

Veja que não se trata de duas perguntas, mas de duas afirmações que podem ser feitas com base nas teorias tratadas neste capítulo, e que podem ser sustentadas e explicadas detalhadamente, que é o que deve ser feito nesta atividade.

7. Positivismo Lógico

O POSITIVISMO LÓGICO – também denominado às vezes "empirismo lógico", ou, ainda, "neopositivismo" – é a doutrina ligada ao Círculo de Viena, surgido na década de 1920, sob a liderança de Moritz Schlick e a influência do atomismo lógico defendido por Bertrand Russell e Ludwig Wittgenstein, assim como do positivismo de Ernst Mach.[1] O Círculo de Viena existiu poucos anos, pois, com o avanço do nazismo na Áustria, a maior parte dos integrantes do grupo se dispersou, e alguns dos participantes acabaram indo para universidades norte-americanas, como foi o caso dos autores que, posteriormente, se tornaram os mais conhecidos, a saber, Rudolf Carnap e Otto Neurath.

A exposição que faremos do positivismo lógico neste capítulo vai se concentrar, em primeiro lugar, nas ideias de Carnap, em especial, no sistema que ele elaborou em sua obra mais conhecida, o

---

1   Russell e Wittgenstein defenderam as mesmas ideias fundamentais ligadas ao atomismo lógico, respectivamente, em *The Philosophy of Logical Atomism* (1918) e no *Tractatus* (1922). Oficialmente, o Círculo de Viena era a Sociedade Ernst Mach, em homenagem a esse pensador. Mach defendia um tipo de positivismo diferente do positivismo de Auguste Comte, o filósofo cujas ideias estão mais claramente associadas ao termo. Entretanto, não há uma ligação direta entre o positivismo comtiano e aquele do Círculo de Viena.

INTRODUÇÃO À EPISTEMOLOGIA

Aufbau.[2] Além disso, em virtude do debate entre Neurath e Carnap a respeito do problema da base empírica, também discutiremos o fisicalismo, nas versões de Carnap e de Neurath e, desse último, a teoria da coerência.

Há dois aspectos gerais do pensamento neopositivista que devemos comentar de início. Trata-se, em primeiro lugar, do fato de que a doutrina epistemológica do Círculo de Viena, embora não fosse única (havia importantes divergências entre alguns de seus integrantes), sob a influência de Russell e Wittgenstein, imprimiu um viés claramente linguístico à epistemologia. Isso ficou conhecido como a "virada linguística", que foi propugnada com entusiasmo por Schlick, mas que, em versões diferentes, foi defendida também por Carnap e por outros pensadores do grupo. Em segundo lugar, é preciso comentar o tipo de fundacionismo que encontramos na obra de Carnap, e que foi um dos pontos de disputa entre ele e Neurath. Comecemos pelo primeiro desses aspectos.

Em capítulos anteriores, ao examinarmos o surgimento da teoria do conhecimento profissional, de Descartes a Kant, pudemos notar o enfoque claramente "psicologista", por assim dizer, que aquelas doutrinas epistemológicas adotaram. O conhecimento era, em geral, concebido como um tipo de representação mental e a cognição, como um tipo de operação mental. Fizemos referência a esse ponto, no primeiro capítulo, ao apresentarmos a formulação linguística da concepção tradicional de conhecimento como "proposição" verdadeira e justificada, em lugar de "crença" verdadeira e justificada. Ora,

---

2   Cf. Carnap (1969a), *The Logical Structure of the World*, isto é, "A Estrutura Lógica do Mundo". O original alemão utiliza o termo *"Aufbau"*, que quer dizer "construção", diferentemente do título da versão da obra em inglês. O termo é importante, como veremos, pois Carnap expõe em seu livro um sistema construcional, ou de construção de conceitos, seguindo a ideia básica de construção lógica, de Russell, tal como vimos anteriormente.

144

a mudança de perspectiva, passando do psicologismo dos filósofos modernos para a perspectiva linguística, se deu por influência exatamente de autores como Russell e Wittgenstein e de seguidores de suas ideias, tal como os autores ligados ao Círculo de Viena.

Assim, como veremos adiante, embora Carnap apresente suas ideias no *Aufbau*, tratando de conceitos (ou objetos de conhecimento) e da redução de determinados conceitos (de nível mais elevado no sistema construcional) a outros (de níveis inferiores), trata-se sempre de uma questão de tradução dos enunciados sobre aqueles objetos (dos níveis mais elevados) para enunciados sobre objetos de níveis inferiores. Essa é, de forma geral, a perspectiva básica não apenas do positivismo lógico, mas de toda a filosofia analítica no século XX, inclusive de críticos do próprio positivismo lógico, em especial, Quine, cujas ideias sobre o conhecimento humano e a epistemologia serão examinadas no próximo capítulo.

Quanto ao segundo aspecto mencionado, como dissemos anteriormente, Carnap defende uma forma de fundacionismo diferente daquela dos pensadores modernos, como Descartes e Kant, e também de outros pensadores contemporâneos. A ideia básica de Carnap é de que o conhecimento tem de começar por uma base, que será denominada "base empírica". Mas tal base pode variar. Como veremos, há diversas possibilidades de bases empíricas, com diferentes tipos de objetos. No *Aufbau*, Carnap adota uma base fenomenalista, constituída de objetos autopsicológicos.[3] Mais tarde, em *The Unity of Science* (1934), em decorrência das discussões com Neurath, Carnap adota uma base fisicalista, constituída de objetos físicos.

---

3   Os dados dos sentidos ("*sense data*" em inglês) ou vivências elementares ("*Erlebnisse*" em alemão, termo que também pode ser traduzido para "experiência").

INTRODUÇÃO À EPISTEMOLOGIA

Esse tipo de fundacionismo pode ser dito "formal" pelo fato de insistir na ideia de que deve haver uma base, mas por admitir diferentes bases, desde que, a partir da base adotada, qualquer que seja ela, possamos construir os objetos dos níveis mais elevados do sistema.

O SISTEMA CONSTRUCIONAL

O sistema elaborado por Carnap no *Aufbau* permite cumprir as mesmas duas tarefas que a filosofia crítica de Kant. Em primeiro lugar, permite validar os conceitos empíricos (tal como eles aparecem tanto no conhecimento comum do mundo quanto nas ciências); e, além disso, permite eliminar os pseudoproblemas da metafísica tradicional. Precisamente, um pseudoproblema é aquele que não pode ser resolvido com os recursos do sistema. Ou seja, o conceito em tela não pode ser construído e não tem, portanto, lugar no sistema construcional. O projeto de Carnap na referida obra procura levar a cabo a ideia básica de Russell contida naquela máxima citada anteriormente, segundo a qual, sempre que possível, devemos substituir as entidades inferidas por construções lógicas. Então, o que significa, mais exatamente, a expressão "construção lógica"?

Adotando a perspectiva linguística a que nos referimos antes, Carnap interpreta a construção lógica como uma tradução. Abstratamente, podemos dizer que um conceito foi construído logicamente a partir de outros se, fazendo o caminho de volta, pudermos reduzi-lo àqueles conceitos a partir dos quais ele foi construído. E tal "redução" é, de fato, uma tradução. Um conceito será redutível a outros se todos os enunciados que contenham tal conceito puderem ser traduzidos em enunciados sobre outros conceitos, como veremos a seguir.

Como ilustra a Figura 7.1, a base do sistema elaborado no *Aufbau* é constituída por objetos autopsicológicos, isto é, os dados dos sentidos ou vivências elementares de um sujeito. Portanto, o sistema do *Aufbau*, seguindo uma estratégia tradicional da epistemologia, pressupõe o solipsismo metodológico, ou seja, a ideia de que o mundo é aquilo que o sujeito tem como representação. Trata-se do mesmo conceito já comentado anteriormente, quando tratamos da filosofia de Russell e da possibilidade de ou inferir, ou construir objetos.

Os objetos autopsicológicos são aqueles aos quais o sujeito tem acesso direto. Os enunciados que relatam essas vivências elementares são denominados "enunciados protocolares". Essa expressão significa um relato o mais simples possível daquilo a que o sujeito tem acesso. Logo, todos os enunciados protocolares são enunciados sobre o imediatamente dado ao sujeito. Os enunciados que não são protocolares devem poder ser traduzidos em enunciados protocolares para poderem ser considerados significativos. Os enunciados protocolares relatam, de forma direta, os objetos que constituem a base empírica (nesse caso, toda a coleção dos objetos autopsicológicos). Assim, os enunciados protocolares são todos trivialmente verdadeiros por mera inspeção dos dados dos sentidos do sujeito.

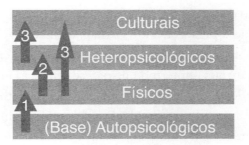

Figura 7.1

Por exemplo, cores, sons e toda outra vivência elementar que diz respeito aos cinco sentidos são objetos autopsicológicos. Mas, por sua vez, um objeto físico – digamos, um livro – é a reunião de toda

INTRODUÇÃO À EPISTEMOLOGIA

uma série de vivências elementares ou dados dos sentidos (cf. passo 1, indicado pela primeira seta vertical na Figura 7.1). Enquanto objeto físico, isto é, um corpo localizado no espaço e no tempo, o livro é um objeto que não é imediatamente dado.[4] Em outras palavras, o objeto físico livro tem de ser construído em um segundo nível de objetos, a partir de objetos autopsicológicos. Assim, em contrapartida, um objeto ou conceito físico (como o de um livro) é legítimo do ponto de vista cognitivo se puder ser reduzido a objetos ou conceitos autopsicológicos. E, como dissemos, tal redução consiste em traduzir os enunciados nos quais aparece o termo "livro" em enunciados em que esse termo não aparece, nem quaisquer outros termos que se refiram a objetos de níveis superiores, mas apenas termos que se referem ao imediatamente dado, ou seja, objetos autopsicológicos.

Para que tal construção de objetos de um nível superior a partir de objetos do nível básico seja possível, são necessárias determinadas ferramentas lógicas, que viabilizam o que Carnap denomina "formas de ascensão". Tais ferramentas lógicas provêm da lógica moderna e da Teoria dos Tipos, de Russell.[5] Esse é um aspecto mais técnico da doutrina do *Aufbau* que podemos deixar de lado sem prejudicar o entendimento das ideias básicas do sistema construcional.

Segundo a perspectiva de Carnap, quando dizemos que um enunciado sobre objetos de níveis superiores (isto é, o enunciado que contém pelo menos um termo que não se refere ao imediatamente dado) é "verificado", o significado preciso dessa afirmação é que o objeto de nível superior em questão pode ser reduzido a objetos de níveis inferiores e, em última instância, a objetos autopsicológicos

---

4   Embora seja usual hoje, seguindo as teorias mais aceitas na física, falar do *espaço-tempo*, vamos conservar aqui a forma tradicional de falar, já que esse aspecto não altera fundamentalmente as discussões epistemológicas em tela.

5   A Teoria dos Tipos é exposta e comentada por Russell em diversos de seus livros, entre eles o já mencionado *Philosophy of Logical Atomism* (1918).

POSITIVISMO LÓGICO

(aqueles da base empírica). E tal redução, mais uma vez, consiste na tradução daquele enunciado em enunciados protocolares.

A ascensão propiciada pelo sistema construcional, como está representado na Figura 7.1, nos conduz também a outros níveis de objetos além dos objetos autopsicológico e físicos. A partir dos objetos físicos – que, por sua vez, permitem fundamentar ou fazer uma "reconstrução racional" das ciências da natureza em geral –, é possível construir objetos heteropsicológicos, isto é, outras mentes ou os eventos mentais na mente de outras pessoas, fundamentando então a psicologia (cf. passo 2 na Figura 7.1). A explicação de Carnap para esse ponto é a seguinte: a partir das modificações físicas (no corpo de outros indivíduos), podemos construir seus estados mentais, tal como os behavioristas fazem na psicologia experimental.[6]

A última etapa do sistema construcional leva à construção dos objetos culturais – aqueles das ciências humanas em geral (cf. passo 3 da Figura 7.1). Aqui, há uma explicação um tanto elaborada. Segundo Carnap, um objeto cultural (intuitivamente falando) é um objeto físico ao qual os indivíduos de determinada cultura associam valor ou significado. Obviamente, os objetos culturais são produzidos pelos indivíduos pertencentes a uma cultura, e são reconhecidos como tal apenas pelos indivíduos que têm acesso a essa cultura. Pensemos, por exemplo, no gesto habitual de saudar uma pessoa na rua com um aceno de mão. Trata-se de um objeto cultural que, segundo Carnap, expressa o cumprimento que um indivíduo faz a outro da mesma cultura; e esse último reconhece o cumprimento. Só assim existe o "objeto cultural" estritamente falando. Se, por outro lado, houver

---

6   Embora o ponto seja polêmico e não tenhamos espaço aqui para entrar nos detalhes da discussão, vale dizer que, segundo Carnap, o que ele propõe corresponde às noções fundamentais encontradas no behaviorismo metodológico de John Watson.

INTRODUÇÃO À EPISTEMOLOGIA

apenas a intenção de um dos indivíduos de saudar o outro, mas ele não acenar com a mão, não haverá cumprimento; e, logo, não haverá nenhum objeto cultural.

Desse modo, diz Carnap, os objetos culturais requerem duas condições: (a) ser a expressão de objetos heteropsicológicos de determinados indivíduos de uma cultura; e (b) estarem documentados em algum objeto físico. O mesmo vale, como claramente nos damos conta, para obras de arte, formas de linguagem e toda sorte de elementos de uma cultura. Portanto, os objetos culturais têm de ser construídos ao mesmo tempo a partir de objetos heteropsicológicos e de objetos físicos. E, assim, em contrapartida, eles devem poder ser reduzidos a esses dois tipos de objetos.

Esses quatro tipos e níveis de objetos (ou esferas autônomas de objetos, como diz Carnap) são todos aqueles compreendidos no sistema construcional do *Aufbau*. Quaisquer outros possíveis objetos ou conceitos, fora esses, são pseudoconceitos, e os enunciados que deles falam são pseudoenunciados destituídos de significado. O termo "metafísico" é reservado por Carnap exatamente para se referir a esses conceitos e enunciados, em analogia com muitos conceitos da metafísica tradicional, que não podem ser justificados pelo procedimento construcional do *Aufbau*. Tais objetos "metafísicos" não fazem parte do "mundo" (isto é, o resultado das construções realizadas no sistema), e não são, portanto, "reais". O que é real é aquilo que tem lugar no sistema.

A BASE EMPÍRICA

Como já dissemos, para o tipo de fundacionismo adotado por Carnap, a base do sistema pode variar. No *Aufbau*, ele considerava a base fenomenalista (constituída de objetos autopsicológicos) mais "intuitiva", digamos, assim como, primeiro, a construção sucessiva de objetos físicos, depois, de objetos heteropsicológicos e, finalmente, de objetos culturais. Mas Carnap diz que, de fato, qualquer outra esfera de objetos poderia ser eleita como base. Ele apenas comenta que talvez a única que não se prestaria muito a isso seria a dos objetos culturais.[7] Foram os debates entre Carnap e Neurath que o levaram, alguns anos depois da publicação do *Aufbau*, a apresentar uma nova versão da teoria, adotando então uma base fisicalista.

O fisicalismo defendido por Neurath consistia na ideia básica de que os protocolos ou enunciados protocolares relatam o que pode ser localizado no espaço e no tempo. Isso significa, segundo ele, que o sistema da ciência unificada (que inclui o todo do saber empírico legítimo) é um sistema que contém leis que, por sua vez, descrevem o comportamento de quaisquer estruturas dadas no espaço e no tempo. Portanto, os próprios enunciados protocolares devem já fazer referência a tais tipos de ocorrências.

Esse tipo de fisicalismo não implica que quaisquer ocorrências sejam explicadas pelas leis da física. Ao contrário, em cada domínio de investigação (as ciências da vida e as ciências humanas inclusive), segundo Neurath, há ou pode haver leis, isto é, enunciados nomológicos que descrevem regularidades reprodutíveis. Em outras palavras, em princípio, haveria leis físicas, químicas, biológicas, sociológicas etc.; e todas elas descreveriam acontecimentos localizados no espaço e no tempo. Essa é a única condição para uma ciência unificada em bases fisicalistas.

---

7   De fato, esta afirmação de Carnap pode ser facilmente refutada. Basta que encontremos as formas de ascensão adequadas para construir outros objetos a partir de objetos culturais. Esse ponto também é de relativa complexidade, e não vamos tratar dele aqui. Mas o leitor pode consultar Dutra (2008, Capítulo 6).

A versão de Carnap do fisicalismo é um pouco diferente. Ele a apresenta no já mencionado texto, *The Unity of Science* (1934). Carnap trata o assunto como uma questão de escolha de uma forma de linguagem (ou jargão, ou dialeto). Dessa maneira, a cada uma das esferas de objetos das quais a teoria do *Aufbau* trata corresponde um dialeto. Naquela teoria, o dialeto fenomenalista era o dialeto básico, e para ele deveriam ser traduzidos os enunciados dos outros dialetos. Na fase fisicalista, Carnap adota a base correspondente, e argumenta que o dialeto básico é aquele cujos termos se referem a objetos físicos. Precisamente, ele o denomina "linguagem das coisas" (*thing language*). Para tal dialeto fisicalista é que devem ser traduzidos todos os enunciados das outras formas de linguagem, sobre outros tipos de objetos.

A vantagem de adotar o dialeto fisicalista, tal como explicado anteriormente, argumenta Carnap, é que ele seria o único dialeto ou forma de linguagem universal. Intuitivamente, a ideia é que, seja no conhecimento comum do dia a dia, seja no conhecimento técnico que encontramos nas diversas ciências, é considerado um enunciado significativo ou informativo sobre o mundo aquele enunciado que pode ser traduzido para a linguagem fisicalista. O que não puder ser traduzido para essa forma de linguagem não é considerado cognitivamente significativo, ou seja, informativo sobre o mundo.

Assim, no que diz respeito à unificação do saber empírico e às pretensões cognitivas da metafísica tradicional e de atividades pseudocognitivas (aquelas que almejam ser informativas sobre o mundo, mas não são), o fisicalismo não implica nenhuma mudança na posição anterior dos positivistas lógicos. O conhecimento legítimo continua a ser encarado como aquilo que pode ser verificado. É a forma de verificação e a base que a possibilita que mudam. Um enfraquecimento maior dessa posição ainda estaria por vir na obra de Carnap, como comentaremos adiante.

A SINTAXE LÓGICA E A ELIMINAÇÃO DA METAFÍSICA

Como dissemos, o positivismo lógico interpretou as questões cognitivas como questões de linguagem. Com base nas concepções de Russell e Wittgenstein, aos quais também já nos referimos, os positivistas lógicos acreditaram na possibilidade de encontrar e descrever uma forma de linguagem neutra em relação a quaisquer concepções metafísicas. As regras mais gerais dessa linguagem seriam regras lógicas, reveladas pela lógica moderna, em particular, a Teoria dos Tipos, de Russell. Ao conjunto dessas regras foi dado o nome de "sintaxe lógica".

Segundo Carnap, mesmo que um enunciado não viole as regras da gramática da língua na qual ele é formulado, ele pode deixar de ser significativo, pois pode violar as regras da sintaxe lógica. Por exemplo, a sequência de termos a seguir, "o viu cavalo", não pode ser considerada um enunciado significativo segundo as regras gramaticais da língua portuguesa. Mesmo que os termos fossem colocados em outra ordem – como em "o cavalo viu" –, ainda faltaria algum outro termo para dar sentido a essa sequência de palavras. Para resolver casos como esse, não temos necessidade de recorrer à sintaxe lógica. Por outro lado, a sequência de palavras "o único número primo par é honesto" (que se refere, obviamente, ao número 2) está de acordo com as regras gramaticais do português. E, contudo, tal enunciado também não poderia ser considerado significativo.

Intuitivamente, podemos dizer que o enunciado "o único número primo par é honesto" não é significativo, porque o predicado "honesto" não poderia ter números em sua extensão. Em outras palavras, "honesto" não é um atributo de números, mas de seres humanos; por isso, não poderíamos dizer que o número 2 é honesto. A explicação técnica de Carnap é que um enunciado como esse viola as regras da sintaxe lógica. Assim, para que uma sequência de termos pertencentes a uma língua resulte em um enunciado significativo, é preciso que ela não apenas esteja de acordo com as regras gramaticais daquela língua, mas que esteja também de acordo com as regras da sintaxe lógica, que são universais, isto é, valem para toda forma de linguagem.

Um enunciado que não pode ser verificado, de alguma forma, viola uma regra da sintaxe lógica. O que valeria para afirmações tolas, como aquela sobre o número 2 ser honesto, vale também, explica Carnap, para muitas afirmações dos metafísicos, afirmações que foram, todavia, durante séculos, levadas a sério pelos filósofos. A questão não é que os metafísicos façam afirmações que diriam respeito a coisas de um mundo inacessível (lembremos aqui o diagnóstico de Kant, que vimos no capítulo anterior), mas que os enunciados metafísicos não podem dizer respeito a coisa nenhuma, uma vez que eles não são enunciados genuínos; eles são apenas sequências de símbolos destituídas de significado, uma vez que não estão construídos de acordo com a sintaxe lógica.

Wittgenstein afirma no final do *Tractatus* que a natureza da linguagem pode apenas ser mostrada por uma investigação como a sua, o que implica que uma teoria geral da linguagem (o objeto da filosofia) não é o caso. Alguns dos positivistas lógicos, como Schlick, seguiram de perto essas ideias de Wittgenstein. Contudo, por preservar mais claramente a influência de Russell, Carnap entende a filosofia como uma teoria da linguagem da ciência, como ele mesmo afirma em alguns de seus escritos. Ou, mais precisamente, trata-se de uma teoria da linguagem empírica, isto é, que não apenas permite a reconstrução racional do saber humano em geral, mas também a eliminação dos pseudoproblemas da metafísica tradicional, mostrando de que forma eles violam as regras da sintaxe lógica. E essa última, por sua vez, é o cerne da teoria da linguagem elaborada por Carnap.

Voltando às primeiras ideias do *Aufbau*, tal como Carnap as expõe também no texto *Pseudoproblemas na filosofia*, algumas das questões da metafísica tradicional não podem ser tratadas. As supostas teorias que elas envolveriam não fazem sentido. Por exemplo, se existem ou não objetos físicos independentemente dos dados dos sentidos do sujeito a partir dos quais tais objetos físicos são inferidos, isto é, se corpos materiais são coisas reais ou não – essa é uma questão insolúvel da metafísica. Nem o realismo a respeito do mundo exterior, nem as posições contrárias a ele (como fenomenalismo e idealismo), são sustentáveis. Pois, em todos esses casos, trata-se da tentativa de construir objetos que não têm lugar no sistema do saber unificado. Como dissemos antes, o que é "real", do ponto de vista do sistema construcional, é aquilo que tem lugar no sistema, isto é, o objeto que pode ser construído a partir de outros objetos já dados.

O REQUISITO DE CONFIRMAÇÃO

O verificacionismo dos positivistas lógicos, cujos aspectos mais gerais vimos nas seções precedentes, acarretava algumas consequências consideradas indesejáveis. Mais uma vez, foi nas discussões com Neurath que Carnap foi levado a modificar sua posição. Neurath percebeu que, a rigor, a eliminação da metafísica e a unificação do saber empírico conduziam a um sistema de enunciados cuja correspondência com o suposto "mundo real" não cabia. Isso o levou, como veremos, à defesa de uma forma de coerentismo, que foi importante não apenas para alimentar o debate com Carnap, mas também para influenciar autores então mais jovens, como Quine – autores que levaram adiante o projeto da filosofia analítica, superando as limitações que, no momento inicial, os positivistas lógicos lhe impuseram.

INTRODUÇÃO À EPISTEMOLOGIA

Uma das consequências indesejáveis do verificacionismo diz respeito aos enunciados universais, isto é, aqueles enunciados que supostamente valem em todo tempo e lugar. Esse é o caso, por exemplo, das leis científicas. E, na versão de Neurath do fisicalismo, o sistema do saber unificado é um sistema de leis. Houve tentativas de acomodar a situação, como a hipótese de que os enunciados universais não seriam enunciados genuínos, mas apenas espécies de "regras" que permitiriam inferir enunciados particulares a partir de outros enunciados particulares. Mas essa solução parecia contrariar algumas de nossas intuições a respeito do conhecimento científico e do próprio conhecimento comum, para os quais os enunciados universais são tomados como enunciados genuinamente informativos.

Do ponto de vista do verificacionismo, o problema dos enunciados universais é que eles não podem ser verificados, obviamente, uma vez que deveriam ser traduzidos em uma conjunção infinita de enunciados particulares. Trata-se de uma nova forma de colocar o mesmo problema da indução já conhecido e debatido desde os filósofos modernos, em especial, Hume, embora com outra apresentação.

Em seu artigo "Testability and Meaning" (Testabilidade e Significado) (1936-1937), Carnap reconhece essa dificuldade, e argumenta que, a rigor, qualquer enunciado sintético é verificável apenas mediante as mesmas condições que verificariam um enunciado universal. O requisito que ele considera então ser mais razoável e aplicável ao conhecimento científico e ao saber comum é o requisito de confirmabilidade. Ou seja, para ser considerado informativo sobre o mundo, um enunciado deve ser confirmável.

Aparentemente, isso tornaria também os enunciados universais confirmáveis empiricamente, embora não verificáveis. Assim, segundo o novo critério de significatividade, as leis científicas seriam resgatadas, enquanto os enunciados da metafísica tradicional continuariam sendo considerados destituídos de significado, pois tais enunciados não apenas não são verificáveis, mas eles também não são sequer confirmáveis.

Essas reflexões de Carnap o conduziram gradativamente a outra problemática que se desvia daquela que é típica dos problemas tratados pelas teorias do conhecimento, e o fazem se dirigir para os problemas mais atinentes às teorias da investigação. Um dos outros autores cujas ideias estão voltadas mais para uma teoria da investigação é Karl Popper, cuja doutrina foi em parte elaborada como base de crítica aos positivistas lógicos.

Popper enfatiza o fato de que os enunciados universais são testáveis, mas não da forma como isso foi entendido por Carnap. Os enunciados universais são falseáveis empiricamente, mas não são confirmáveis, explica Popper. No texto "Testability and Meaning" (1936-1937), Carnap ainda toma o problema da confirmação dos enunciados universais de maneira intuitiva. Ele fala da possibilidade de, gradativamente, confirmar mais e mais um enunciado universal. Contudo, ele logo se deu conta das dificuldades técnicas que isso implicava. A ideia de poder confirmar os enunciados universais conduziu Carnap a seu projeto de uma lógica indutiva, e suas discussões a esse respeito acabaram adquirindo um viés mais metodológico que lógico, como era o caso de suas investigações precedentes.

A lógica indutiva projetada por Carnap era uma lógica probabilística, baseada na noção de probabilidade lógica. Segundo essa concepção, perguntamos pelo "grau de confirmação" de determinado enunciado, dado o que sabemos e que é expresso em outro enunciado. Seja c o grau de confirmação de um enunciado hipotético h, dado o enunciado que reúne a evidência em seu favor, e. Esse grau de confirmação seria igual à probabilidade lógica de h dado e. Supondo que h seja uma lei científica, por exemplo, calculamos tal probabilidade, e a evidência a seu favor é sempre ínfima, dada qual-

INTRODUÇÃO À EPISTEMOLOGIA

quer amostragem tomada, uma vez que os casos possíveis nos quais a lei supostamente vale são infinitos. Assim, o cálculo de tal probabilidade (indicada por "p" na fórmula a seguir) daria um resultado próximo de zero. E, logo, o mesmo vale para o grau de confirmação da lei em questão:

$$c(h, e) = p(h, e) \cong 0$$

Portanto, a lógica indutiva do tipo elaborado por Carnap não conduziu a um resultado favorável no caso da confirmação de enunciados universais. No livro que Carnap dedica a essas discussões, *Logical Foundations of Probability* (1962), ele procura contornar essa dificuldade, apresentando ao final o que denomina "confirmação de instância qualificada". Para isso, era preciso interpretar a confirmação não como aquela de uma lei propriamente, mas da próxima instância a ser observada. Porém, mais uma vez, essa estratégia não contempla nossas intuições sobre a ciência real e o saber empírico em geral. Dadas essas e outras dificuldades, considera-se que o confirmacionismo dos positivistas lógicos foi um projeto tão malsucedido quanto o próprio verificacionismo. A alternativa coerentista de Neurath, que veremos a seguir, conduz as discussões em outra direção.

O COERENTISMO DE NEURATH

De forma emblemática o pensamento de Neurath ficou associado à metáfora do barco que tanto inspirou Quine, isto é, a ideia de que o conhecimento humano é como um barco que deve ser reparado enquanto nele navegamos, não podendo ser conduzido a uma doca seca. A imagem evoca a comparação entre a estratégia fundacionista dos primeiros anos do Círculo de Viena, inclusive de

Carnap, e a posição final de Neurath, defendendo uma forma de coerentismo e de falibilismo.

A posição de Neurath põe em evidência os fundamentos mais básicos do positivismo lógico, isto é, a ideia de que uma reconstrução racional do saber é possível e de que ela resulta em um sistema do saber unificado. Em lugar de refletir o mundo, esse sistema apenas exibe a articulação interna de nossos próprios conceitos. Vimos anteriormente as críticas de Russell à teoria da verdade como coerência, isto é, sua alegada incapacidade de distinguir ficção de realidade. As mesmas críticas, obviamente, aplicam-se à teoria da coerência como justificação. Entretanto, aquilo que parecia a Russell um escândalo filosófico veio a ser tomado pelos próprios filósofos analíticos, herdeiros do positivismo lógico, como Quine, como a condição inevitável do saber humano, isto é, sua inevitável relatividade ontológica, que não implica nenhum relativismo, como veremos no próximo capítulo. A posição de Neurath antecipa essa postura mais tolerante com a coerência e a relatividade ontológica, expressa em sua própria metáfora do barco.

A ideia básica desse coerentismo é que, se determinado sistema de enunciados é aceito e goza de coerência interna, é o próprio sistema que serve de base de comparação para que outros enunciados sejam aceitos ou rejeitados. Pode ocorrer, contudo, que determinado enunciado não compatível com o sistema pareça inevitável e que ele deva ser aceito. Nesse caso, o que ocorre é uma reforma do próprio sistema, com a exclusão daqueles enunciados que antes faziam parte dele e que conflitam com o novo enunciado a ser nele incluído. Esse coerentismo, como bem observou Russell, está relacionado com uma teoria da verdade como coerência, isto é, com a ideia de que o predicado "verdadeiro" associa-se aos enunciados aceitos e que fazem parte do sistema, e "falso" associa-se aos enunciados que são rejeitados e excluídos do sistema.

INTRODUÇÃO À EPISTEMOLOGIA

Dito desse modo, o coerentismo pode parecer uma posição arbitrária e dogmática. De fato, em nenhuma das versões conhecidas, o coerentismo apresenta tais defeitos filosóficos que o desqualificariam como uma postura séria – e isso vale também para a versão de Neurath. Para ele, o sistema que resulta das revisões – inclusões e exclusões de enunciados – deve ser um sistema que, em sua totalidade, seja capaz de dar conta da experiência, isto é, de reconstruir racionalmente a experiência. Os enunciados protocolares, que, em sua interpretação fisicalista, constituem os pontos de contato entre o sistema e a experiência comum, são a "periferia do sistema", por assim dizer. E eles fazem com que o sistema como um todo possa dar conta das aparências.

A postura de Neurath é certamente uma forma de falibilismo. O sistema de enunciados, que inclui e tem as leis como elementos importantes, é uma reconstrução provisória da experiência comum e do saber humano. Mas seu caráter provisório não impede que ele seja capaz de representar adequadamente o mundo, embora seja o mundo tal como visto da perspectiva do próprio sistema.

Seguindo a mesma linha de argumentação adotada por Russell, alguns afirmam que esse tipo de coerentismo é, ele mesmo, inconsistente, uma vez que proclama que o verdadeiro e o falso são aquilo que está ou não de acordo com o sistema, e que, para isso, pressupõe os princípios da lógica (tal como o princípio de não contradição), que, por sua vez, já pressupõem as noções de verdadeiro e falso. Segundo esse princípio, um enunciado não pode ser verdadeiro e falso ao mesmo tempo.

Não temos espaço aqui para um tratamento detalhado desse problema, mas basta dizermos por ora que, de fato, o argumento de Russell e de outros autores pode ser redirecionado contra eles mesmos. Pois eles é que pressupõem que princípios como o de não contradição são pressupostos pelo coerentismo e que, além disso, o que lhe dá sentido é uma teoria da verdade como correspondência (com o mundo real). O que, de sua parte, o coerentismo pressupõe é apenas a ideia de acordo, e essa ideia não está necessariamente ligada à interpretação do acordo como correspondência, tal como Russell sustentou.[8]

De qualquer forma, o sentido mais profundo da postura de Neurath aparecerá depois em formulações como a de Quine, como veremos, formulações que procuram avaliar de modo bastante razoável o quanto há de relatividade (não de "relativismo") no saber humano, e o quanto há de experiência comum, o que pode constituir a base que é sempre necessária, mas nunca absoluta, nem não revisável, para o saber humano. Quine foi um crítico arguto do positivismo de Carnap, mas, em grande medida, graças às próprias indicações de Neurath.

O positivismo lógico, de forma geral, por sua vez, mesmo se considerarmos a versão coerentista de Neurath, caracteriza-se pela tese de que qualquer reconstrução do saber humano tem de ser feita a partir de uma base e de formas linguisticamente legítimas de ascensão a partir de tal base. Por mais crítico que Quine tenha sido em relação ao pensamento de Carnap, essas duas ideias continuam mantidas em sua filosofia, embora com muito mais sofisticação, como veremos.

O positivismo lógico é uma forma de empirismo, como o próprio Carnap enfatizou em alguns de seus textos. As críticas de Quine se dirigem mais aos dogmas que tal postura ainda preserva, embora se ela visse como uma filosofia sem dogmas. Como veremos, a postura de Quine, por sua vez, continuará a acalentar o sonho de um "empirismo sem dogmas".

---

8   Nesse tópico, o leitor pode consultar Dutra (2001, Capítulo 2), em que procuramos mostrar que a teoria da correspondência não é a única forma possível de interpretar a ideia mais básica de acordo que, a nosso ver, está por trás das principais teorias da verdade desde Aristóteles.

RESUMO

O positivismo lógico foi a doutrina elaborada pelos autores ligados ao Círculo de Viena, sob a influência das ideias de Russell, Wittgenstein e Mach. Os dois autores positivistas lógicos que se tornaram mais representativos foram Carnap e Neurath, e eles influenciaram muito a filosofia analítica posterior. A doutrina original, verificacionista, na versão da Carnap, estava voltada para a reconstrução racional do saber por meio da elaboração de um sistema construcional.

Na versão apresentada no *Aufbau* de Carnap, a base do sistema é constituída pelos objetos autopsicológicos, a partir dos quais são construídos os objetos físicos. A partir desses, são construídos os objetos heteropsicológicos. Por fim, a partir dos objetos físicos e heteropsicológicos, ao mesmo tempo, são construídos os objetos culturais. Se um objeto tem lugar no sistema, todos os enunciados a respeito dele podem ser traduzidos em enunciados sobre os objetos de níveis inferiores, até chegar aos objetos da base do sistema.

Nessa primeira formulação, a base do sistema era fenomenalista, por adotar os objetos autopsicológicos como objetos básicos. Em uma versão posterior, Carnap adota uma base fisicalista, sendo que os objetos básicos passam a ser os objetos físicos. Segundo Carnap, então, a linguagem fisicalista é mais apropriada por ser a única linguagem universal conhecida.

Ao mesmo tempo que permite a reconstrução racional do saber e haver um sistema da ciência unificada, o positivismo lógico procura eliminar os pseudoproblemas da metafísica tradicional, identificando-os com transgressões das regras da sintaxe lógica, com base na Teoria dos Tipos, de Russell.

O verificacionismo do período inicial do positivismo lógico foi seguido por uma doutrina mais fraca, o confirmacionismo. Para Carnap, nesse período, um enunciado é significativo e informativo sobre o mundo se for confirmável. Essa reformulação conduziu Carnap ao projeto de uma lógica indutiva probabilística, que, contudo, fracassou.

Além de Carnap, merece menção a obra de Neurath, em especial, sua concepção do fisicalismo e a defesa da perspectiva falibilista e coerentista, que põe em evidência os fundamentos mais básicos do positivismo lógico, a saber, a ideia de que a reconstrução racional do conhecimento humano requer a escolha de uma base e formas de ascensão ou construção de objetos que sejam rigorosas de um ponto de vista lógico.

LEITURAS RECOMENDADAS

Para a visão geral da perspectiva positivista lógica de Carnap, o texto mais indicado é "Pseudoproblemas na filosofia". Também estão traduzidos em português e podem representar leitura proveitosa os textos "Testabilidade e significado" e "O caráter metodológico dos conceitos teóricos", ambos incluídos, junto com o primeiro acima citado, no volume Schlick/Carnap da Coleção Os Pensadores.

ATIVIDADES

Para consolidar o entendimento dos temas tratados neste capítulo, responder por escrito às questões a seguir pode ajudar, assim como escrever de uma a duas páginas sobre cada um dos tópicos indicados.

1. De que forma o sistema construcional projetado por Carnap torna efetiva a máxima de Russell, segundo a qual, onde quer

que seja possível, as construções lógicas devem substituir as entidades inferidas?

2. De que maneira, a partir de objetos autopsicológicos, são construídos objetos físicos?

3. De que maneira, a partir de objetos físicos, são construídos objetos heteropsicológicos?

4. De que maneira são construídos os objetos culturais?

5. Por que o sistema do *Aufbau* é dito "fenomenalista"?

6. Explique a doutrina fisicalista posterior de Carnap.

7. Explique o que é a sintaxe lógica para Carnap.

8. Explique a doutrina confirmacionista posterior de Carnap.

9. Explique o fisicalismo de Neurath.

10. Comente a metáfora do barco, de Neurath.

Tópico 13: As vantagens da base fisicalista em relação à base fenomenalista.

Tópico 14: O fundacionismo formal de Carnap.

Veja que não se trata de duas perguntas, mas de duas afirmações que podem ser feitas com base nas teorias tratadas neste capítulo, e que podem ser sustentadas e explicadas detalhadamente, que é o que deve ser feito nesta atividade.

8. Epistemologia Naturalizada

O CÉLEBRE ARTIGO de Quine, "Epistemology Naturalized" (Epistemologia naturalizada) (1969a), é considerado uma espécie de manifesto do naturalismo em epistemologia. A partir dele, a expressão se consagrou como referência à postura de transferir para pesquisas empíricas as questões tratadas pela epistemologia tradicional.

As posições mais fortes chegam a sustentar que, uma vez constituída uma ciência empírica do conhecimento, não haveria mais lugar para a teoria do conhecimento praticada tradicionalmente pelos filósofos. Aqueles que sustentam esse ponto de vista enfatizam a oposição entre os aspectos normativo e descritivo, identificando a epistemologia tradicional com a postura normativa, e a epistemologia naturalizada com um empreendimento meramente descritivo. Ou seja, em vez de estipular regras por meio das quais possamos avaliar se determinada opinião é conhecimento, a epistemologia naturalizada seria apenas uma descrição de fatos cognitivos. Ela poderia fazer descobertas sobre o conhecimento humano, e então suas discussões diriam respeito a questões de fato e não a estipulações apresentadas *a priori*. Essa posição é às vezes denominada "tese de substituição".[1]

---

1   Embora alguns comentadores se refiram ao naturalismo de Quine como a defesa da tese de substituição, outros o identificam com a "tese de continuidade" entre ciência empírica e filosofia, que comentaremos adiante.

INTRODUÇÃO À EPISTEMOLOGIA

É verdade, como dissemos ao longo dos capítulos anteriores, que a concepção tradicional de conhecimento, mesmo apresentada de diversas maneiras, compreende o conhecimento como crença verdadeira e justificada e possui caráter amplamente normativo. Mas não é verdade que todos os autores que, desde Descartes até o início do século XX, se dedicaram às discussões epistemológicas tenham desconsiderado o aspecto descritivo. De fato, uns mais, outros menos, todos os autores cujas ideias analisamos nos capítulos anteriores deste livro combinam em suas considerações os aspectos normativo e descritivo. Em especial, vale relembrarmos que, antes de Quine, encontramos autores com uma concepção claramente naturalizada do conhecimento humano, como Hume.

Hume possuía uma concepção naturalizada do conhecimento humano, mas não uma concepção naturalizada da epistemologia como disciplina. Essa última questão é um tanto enganadora e, de fato, não é inteiramente procedente se levantada em relação aos autores da época moderna, pois, para os autores do período que vai de Descartes a Kant, não havia demarcação clara entre ciência empírica e filosofia. Com razão, Popper argumenta que o problema da demarcação é o problema de Kant, assim como o problema da indução é o problema de Hume.

Dessa forma, a questão sobre o caráter naturalizado da epistemologia ou teoria do conhecimento como disciplina é uma questão pós-kantiana, e faz sentido apenas a partir dos inícios do século XIX. Em relação a Hume, contudo, vale lembrar que ele sustentava que seu projeto era o de fazer no domínio das então chamadas "ciência morais" (que correspondem mais ou menos às ciências que, hoje, denominamos "ciências humanas", mas com o acréscimo de disciplinas filosóficas, como a ética e a estética) o mesmo que Newton tinha feito no domínio das ciências da natureza. Assim, implicitamente, poderíamos dizer que Hume também sustentava uma concepção naturalizada da própria epistemologia, embora o problema em si seja anacrônico se levantado em relação a esse autor.

Decidir isso em relação a Hume importa menos, e importa mais nos darmos conta de que o problema da epistemologia naturalizada só se coloca mediante a adoção da demarcação prévia entre filosofia e ciência empírica, ou entre pesquisa possível *a priori* e pesquisa que seria possível somente *a posteriori*. Daí vem então a identificação da epistemologia naturalizada com o descritivo e não normativo, ou seja, com as considerações sobre o conhecimento humano que só seriam possíveis *a posteriori*. Em suma, as questões epistemológicas seriam objeto de descoberta e não de princípio.

Embora uma postura naturalista consequente pareça implicar tanto que o conhecimento humano seja considerado um conjunto de fenômenos a serem estudados empiricamente quanto que a disciplina que disso se ocupa seja uma ciência empírica, de maneira abstrata, o naturalismo em relação ao conhecimento humano não é o mesmo que o naturalismo em relação à epistemologia. Assim, é possível distinguir entre um naturalismo acerca do conhecimento e um naturalismo acerca da epistemologia. A diferença torna-se clara exatamente se considerarmos os aspectos descritivo e normativo mais uma vez.

Por exemplo, embora a posição inicial de Quine em relação à epistemologia naturalizada tenha sido identificada com a tese de substituição, e embora alguns críticos tenham sustentado que Quine eliminava completamente o aspecto normativo da epistemologia, de um lado, ele próprio respondeu a tais críticas, afirmando que não pretendia eliminar completamente o normativo. De outro, alguns naturalismos pós-quinianos defendidos por autores que se compreendem como seus seguidores pelo menos em parte, como é o caso de Alvin Goldman, cuja teoria veremos adiante, defendem de modo claro que é preciso haver uma pesquisa empírica

INTRODUÇÃO À EPISTEMOLOGIA

para sabermos como o conhecimento humano se dá (naturalismo sobre o conhecimento), mas que a epistemologia ainda poderia ser normativa, mesmo aproveitando os resultados dessas pesquisas empíricas.

De certa forma, essa problemática toda pode conduzir a confusões. E muitas das críticas que têm sido dirigidas aos naturalistas em epistemologia procuram apontar tais confusões. Uma das formas de criticar os naturalistas consiste em dizer que sua posição é autocontraditória e falaciosa. Resumidamente, o argumento seria o seguinte: para sustentar que a epistemologia deve ser uma ciência empírica, sem que isso seja um pressuposto ou um princípio *a priori*, é preciso fazer pesquisas empíricas sobre nossas cognições. Mas o naturalista, ao afirmar isso, ainda não fez tais pesquisas empíricas. Logo, ele está apresentando uma prescrição normativa *a priori* que nega que possa haver esse tipo de coisa em epistemologia.

De fato, essa crítica não se sustenta se prestarmos atenção ao fato de que ela mesma mistura os aspectos descritivo e normativo, que não precisam necessariamente estar associados da parte do naturalista. Além disso, a distinção entre um naturalismo sobre o conhecimento humano e um naturalismo sobre a epistemologia como disciplina também dificulta sustentar tal argumento. Por fim, outra distinção importante pode ser feita, a saber, aquela entre um naturalismo de atitude e um naturalismo de teses. E essas duas formas de naturalismo também são confundidas pelo argumento anteriormente reproduzido.

Por exemplo, sustentar uma atitude naturalista foi o que Hume fez, esforçando-se para tratar as questões sobre o conhecimento humano como questões de fato. Mas a atitude naturalista não implica a defesa de teses naturalistas, isto é, teses a respeito da natureza do próprio conhecimento humano ou sobre a natureza da epistemologia como disciplina. Em Quine, há tanto um naturalismo de atitude quanto um naturalismo de teses, assim como em outros autores, embora nem todos. E isso pode ter levado os críticos a elaborar o argumento antinaturalista que mencionamos anteriormente e a confiar em seu poder persuasivo. De fato, contra um naturalismo apenas de atitude, tal argumento não possui poder algum.

Adotar uma atitude naturalista é também adotar uma atitude falibilista. O naturalista, nesse caso, apenas deseja entender o conhecimento humano a partir de nossas práticas cognitivas. É outra questão se, a partir do conhecimento que alcançamos sobre tais práticas cognitivas, poderemos chegar a elaborar prescrições que visem a uma reforma dessas próprias práticas, uma espécie de tecnologia ou engenharia do conhecimento. Essa ideia está no próprio Quine, quando ele diz que a epistemologia "pura" é apenas descritiva, mas que uma epistemologia "aplicada" pode ser normativa.

OS DOGMAS DO POSITIVISMO LÓGICO

Quine apresenta suas ideias sobre a epistemologia naturalizada em um contexto de crítica ao positivismo lógico, em especial, ao pensamento de Carnap, que vimos no capítulo anterior. Ele se opõe ao tipo de fundacionismo de Carnap, adotando a mesma atitude falibilista que já se encontra em Neurath, como também mencionamos anteriormente. Em especial, Quine endereça duas críticas específicas ao pensamento dos positivistas lógicos, que ele apresenta em outro de seus célebres artigos, "Two Dogmas of Empiricism" (Dois Dogmas do Empirismo) (1953). Os dois dogmas são o reducionismo e a analiticidade. Essas críticas preparam a cena para a apresentação da epistemologia naturalizada como alternativa plausível ao positivismo lógico. Elas estão associadas a uma das grandes teses do pensamento quiniano, a saber, a da indeterminação da tradução.

Como vimos no capítulo anterior, o sistema construcional de Carnap está fundamentado na ideia de que os enunciados sobre objetos de níveis superiores podem ser traduzidos para enunciados sobre objetos de níveis inferiores, ou, em outras palavras, que os objetos de níveis superiores podem ser reduzidos a objetos de níveis inferiores, até chegarmos aos objetos do nível fundamental. No sistema apresentado no *Aufbau*, são os objetos autopsicológicos; na apresentação posterior, como vimos, são básicos os próprios objetos físicos. Nos dois casos, a redução implica uma tradução completa dos enunciados sobre objetos de níveis superiores para enunciados do nível básico (os protocolos, que são enunciados observacionais).

A tese de que pode haver tal tradução de enunciados sobre objetos de níveis superiores para enunciados sobre objetos do nível básico (enunciados observacionais) diz respeito ao que podemos denominar "significado cognitivo" dos enunciados. Ou seja, os termos para objetos de níveis superiores podem possuir conotações, e o significado dos enunciados nos quais eles são empregados pode variar para os diversos usuários dessa forma de linguagem. Mas, naquilo em que tais enunciados são informativos sobre o mundo (isto é, aquilo que pode ser construído no sistema), o significado não varia. Em outras palavras, no que diz respeito ao significado cognitivo, a tradução de enunciados sobre objetos de níveis superiores para enunciados observacionais não deixa resíduo. E por isso a redução de tais objetos de níveis superiores seria completa.

Esse primeiro objetivo do sistema de Carnap pode ser alcançado em virtude das ferramentas técnicas de que ele dispõe. Ora, a analiticidade entra em cena aqui, pois as ferramentas lógicas e linguísticas que permitem a redução são conceitos da lógica e da matemática, disciplinas cujos enunciados são meramente analíticos. Para os positivistas lógicos, a analiticidade é uma questão de pura relação entre termos, e depende da natureza da linguagem, e não das coisas das quais falamos por meio da linguagem. Isso significa que uma parte do saber é não problemática do ponto de vista cognitivo, pois sua natureza é revelada por uma mera análise lógica da linguagem. Quine questiona esse ponto e faz uma distinção entre dois tipos de enunciados analíticos. Alguns são logicamente analíticos, diz ele, como certos enunciados que encontramos na lógica. Mas outros enunciados são considerados analíticos em virtude da prática dos falantes de uma língua. Aqui já podemos perceber que as críticas de Quine são feitas a partir de uma concepção da linguagem e de sua influência sobre o conhecimento humano que é muito diferente daquela dos positivistas lógicos. Por exemplo, o enunciado "Todo solteiro é um homem não casado" é analítico em virtude da prática linguística dos falantes, prática que associou o termo "solteiro" à expressão "homem não casado".[2] Ou seja, um enunciado não é analítico por si mesmo, mas em virtude da prática dos falantes de uma língua.

É a perspectiva de tomar a prática dos falantes que também permite a Quine fazer a crítica aos positivistas lógicos quanto ao dogma do reducionismo. Nesse caso, trata-se de compreender adequadamente o papel que as sentenças observacionais desempenham no conhecimento humano. Para Quine, de forma semelhante ao caso dos enunciados analíticos, também não há distinção rígida entre enunciados observacionais (aqueles que apenas relatam observações

---

2   O exemplo original de Quine é, de fato, mais interessante e convincente do que sua tradução para o português. Quine toma o termo *"bachelor"*, que também significa (como o cognato em português) "bacharel", além de "solteiro". O exemplo deixa claro que o enunciado é analítico apenas quando a associação de ideias é feita corretamente, pois não poderíamos dizer que "todos os bacharéis são homens não casados", obviamente. Um exemplo sugestivo em português seria o seguinte: "Todos os bancos são objetos usados para sentar". Ora, o termo "banco", como sabemos, também significa "instituição financeira", e não poderíamos dizer: "Todas as instituições financeiras são objetos usados para sentar".

INTRODUÇÃO À EPISTEMOLOGIA

e dizem respeito a objetos dados aos sentidos) e enunciados sobre objetos de níveis superiores (enunciados teóricos).

A separação entre um grupo de enunciados que serão considerados observacionais é feita pelos falantes, sustenta Quine. A ideia geral é a seguinte: um enunciado observacional é aquele que emprega apenas termos observacionais; mas um termo é observacional se os falantes da língua concordam com seu significado com base apenas na mesma estimulação sensorial. Assim, por exemplo, para os falantes do português contemporâneo, o termo "vermelho" é observacional. Todos concordam em chamar algo de vermelho nas mesmas circunstâncias. Contudo, a expressão "vermelho Bordeaux" não é objeto de um acordo tão simples. Para ela e outros termos, os falantes terão de fazer outras considerações, além da mera inspeção dos sentidos.

Desse modo, há também uma distinção razoável entre enunciados teóricos e observacionais, mas ela depende da prática dos falantes. E, assim como no caso dos enunciados analíticos, as traduções feitas com tais enunciados estão sujeitas ao que Quine denomina "indeterminação da tradução". A ideia de Quine é que as traduções que permitem reduzir objetos de níveis superiores a objetos tomados como básicos são semelhantes às traduções entre línguas naturais diferentes. Em todos os casos, há sempre certa indeterminação da tradução.

Ao traduzirmos enunciados de uma língua para outra, há sempre mais de uma possibilidade. O importante é que saibamos eliminar hipóteses de tradução menos plausíveis e conservar as mais plausíveis de tal modo que, em geral, o discurso em uma língua cumpra o mesmo papel (ou narrativo, ou ativo) que aquele discurso original, em outra língua. Por exemplo, a expressão em francês "*s'il vous plaît*" é normalmente traduzida pela expressão "por favor" em português, embora, ao pé da letra, signifique "se lhe agrada". Pode haver um contexto no qual traduzir a expressão francesa por "por favor" seja incorreto; mas é correto na maior parte dos casos.

172

Os termos de uma língua estão associados a uma espécie de visão de mundo, implicando certa relatividade ontológica, explica Quine, de forma semelhante ao que temos ao compararmos diferentes teorias científicas. De fato, ao compararmos duas línguas, estamos comparando duas culturas. Por exemplo, os termos franceses "*fleuve*" e "*rivière*" são indiferentemente traduzidos para o português como "rio", pois a distinção que há em francês não existe em português (a saber, se um rio deságua no mar ou em outro rio). Em português, temos a distinção entre rio e riacho, que não há em francês. Generalizando essas considerações, o que ocorre, argumenta Quine, é que quando traduzimos entre línguas ou entre teorias científicas, fazemos escolhas de hipóteses de tradução, tentando eliminar as piores e conservar as melhores. Mas o que é melhor ou pior, nesse caso, já depende de nossa própria compreensão do mundo e da linguagem. Assim, não temos como eliminar completamente a indeterminação da tradução nem a relatividade ontológica.

O PAPEL DA EPISTEMOLOGIA NATURALIZADA

Assim como para os positivistas lógicos, para Quine, a linguagem é decisiva nos processos cognitivos humanos. Mas, ao contrário dos positivistas, Quine toma em primeiro lugar a linguagem comum e as línguas naturais, e considera as formas mais especializadas e "arregimentadas" (para utilizarmos um termo mais técnico) da linguagem como resultado de elaborações iniciadas na própria linguagem comum. Assim, não há diferença essencial entre a linguagem da lógica, da matemática ou das ciências, de um lado, e a linguagem comum, de outro. Do mesmo modo, quando pensamos no conhecimento humano, também não há nenhuma demarcação rígida ou diferença de natureza entre as partes do saber humano, mas apenas diferenças de grau.

Para o falibilismo naturalista de Quine, qualquer parte do saber humano pode, em princípio, ser revisada. Mas, obviamente, as teses centrais de disciplinas, como a lógica e a matemática, são muito mais estáveis no sistema do saber humano do que conhecimentos mais periféricos, como certas partes das ciências, que lidam diretamente com o que é originado na experiência, e o saber comum, do dia a dia.

Contudo, para Quine, o adequado entendimento do conhecimento humano não depende apenas das disciplinas que se ocupam da linguagem humana, como a linguística, mas também daquelas disciplinas, como a psicologia, que se ocupam das cognições tal como elas, de fato, ocorrem no mundo, isto é, na interação dos seres humanos com o ambiente no qual estão colocados. Por isso, em seu famoso artigo sobre a epistemologia naturalizada, Quine enfatiza que a nova epistemologia deva ser resultado da associação entre a psicologia e a linguística, e não das análises *a priori* da filosofia, tal como a teoria tradicional do conhecimento compreendeu.

O modelo geral de conhecimento humano defendido por Quine é também de caráter empirista. Contudo, segundo ele, trata-se de um "empirismo sem dogmas". De acordo com essa concepção, a epistemologia deve explicar como, a partir da estimulação sensorial mais simples (que Quine denomina *input*, isto é, "entrada"), chegamos a um discurso de alta complexidade sobre o mundo (o *output*, ou "saída"). A estimulação sensorial são apenas as ações dos objetos externos sobre nossos órgãos perceptivos. Mas, a partir disso, o sujeito humano elabora noções e as associa, e faz uma descrição de um mundo ordenado, com indivíduos dotados de propriedades que, por sua vez, permitem que eles estejam em determinadas relações, segundo leis naturais etc. Quine afirma que é essa grande disparidade entre a pobreza do estímulo recebido das coisas que nos rodeiam e a riqueza de nossa fala sobre elas que a epistemologia naturalizada deve explicar. Essa ideia se resume na Figura 8.1, a seguir:

Figura 8.1

Por exemplo, consideremos uma pessoa que observa um gato que passa à sua frente. Estritamente falando, em termos de estimulação sensorial, o que essa pessoa recebe (o *input*) são determinadas impressões de cores, sons, cheiros etc. Ao dizer em seguida (o *output*): "Eis um gato que passa", essa pessoa apresenta uma descrição de um objeto natural que implica elaborações de grande complexidade. O gato de que ela fala é um corpo material, tridimensional, sujeito às leis da física. Mas não é apenas isso; é também um ser vivo, de determinada espécie animal etc. Ora, tudo isso é possível graças a todo um mundo material estável, estruturado, dotado de propriedades e leis.

A epistemologia naturalizada deve explicar o que há nesse processo que faz a mediação entre a entrada e a saída (*input* e *output*), isto é, a estimulação sensorial mais simples e a descrição de um mundo ordenado. E ela pode fazer isso levando em conta as pesquisas feitas nos domínios da psicologia e da linguística. Por isso, fatalmente, a epistemologia naturalizada deverá ser parte da própria ciência empírica, embora ela trate de um tema que, por sua vez, engloba tudo o que fazemos na própria ciência empírica. Pois essa última resulta, é claro, do processo cognitivo geral que já foi mencionado.

É nesse ponto que entra em cena a questão da normatividade da epistemologia. A primeira impressão que essas ideias de Quine causaram é que ele pretendia eliminar completamente o caráter normativo da epistemologia. Aos críticos que levantaram essa questão, Quine respondeu que, se tomarmos a epistemologia "pura", de fato, teremos

INTRODUÇÃO À EPISTEMOLOGIA

uma pesquisa puramente descritiva, como as demais disciplinas empíricas, isto é, as disciplinas que procuram estudar quaisquer processos naturais no mundo. Entretanto, continua ele, se considerarmos uma epistemologia "aplicada", então teremos uma disciplina normativa.

Essa epistemologia aplicada de que fala Quine é uma espécie de engenharia do conhecimento. Sua tarefa seria normatizar nossas práticas cognitivas a partir do conhecimento produzido pela epistemologia pura. Ela seria um ramo da tecnologia, ao lado de outras disciplinas de mesmo caráter, como as diversas engenharias, a medicina, a odontologia etc., inclusive a pedagogia. Todas essas disciplinas visam a uma aplicação dos resultados obtidos pelas disciplinas puras, isto é, aquelas que procuram descrever e explicar os fenômenos.

A saída que Quine oferece para esse problema é interessante, mas não deixa de ser curiosa. Pois, como apontam alguns comentadores de suas ideias, o naturalismo de Quine, na verdade, consistiria em sustentar a continuidade entre a ciência empírica e aquele domínio não empírico do saber, que identificamos hoje com a filosofia e com as ciências formais (a lógica e a matemática). Em vez de ser a defesa da tese de substituição, que mencionamos antes, esse naturalismo seria apenas a defesa de que não há demarcação rígida entre as ciências empíricas e os demais ramos do saber humano.

Entretanto, a solução de Quine para o problema da normatividade da epistemologia pressupõe, por sua vez, uma demarcação — essa também sustentada pela epistemologia tradicional — entre ciência pura e ciência aplicada. Ora, tal demarcação não é um ponto pacífico na história das reflexões epistemológicas, embora seja pressuposta pela maior parte dos epistemólogos. Há, contudo, grandes nomes desse domínio que argumentam em favor da continuidade entre ciência pura e ciência aplicada, numa tradição que remonta, nos tempos modernos, a Francis Bacon e que inclui figuras expressivas do pensamento epistemológico no século XX, como John Dewey.

De qualquer maneira, mesmo adotando a postura segundo a qual não há distinção rígida entre ciência pura e ciência aplicada, o naturalismo ainda pode ser sustentado, pois ele pode consistir apenas na atitude de tentar entender o conhecimento humano por meio de quaisquer recursos que possam estar ao nosso alcance, quer eles tenham origem na filosofia tradicional, quer nas ciências naturais, nas ciências humanas, ou ainda nas diversas disciplinas tecnológicas. Essa postura tolerante se encontra numa das formas mais interessantes de naturalismo que encontramos depois de Quine, a posição de Alvin Goldman.

O CONFIABILISMO HISTÓRICO DE GOLDMAN

O problema da normatividade é central em outra doutrina oficialmente naturalista, a saber, o confiabilismo histórico de Alvin Goldman. Esse autor considera sua posição uma forma de naturalismo e, de fato, ela apresenta aspectos naturalistas. Contudo, como veremos, o projeto de Goldman é mais o de naturalizar a própria justificação (e não o conhecimento, nem a epistemologia enquanto disciplina). E, apesar disso, sua insistência no aspecto normativo da epistemologia e sua argumentação de que a psicologia empírica não pode fazer o trabalho de uma epistemologia analítica e normativa podem nos levar a pôr em dúvida se ainda resta algo de naturalismo em sua posição. Independentemente disso, trata-se de uma posição que merece comentário, pois é crítica em relação à epistemologia tradicional de caráter fundacionista e pretende enfrentar (em bases supostamente naturalistas) o problema de Gettier.

De fato, desde seus primeiros artigos sobre o tema até seu livro *Epistemology and Cognition* (1986), Goldman apresenta diversas teorias, iniciando com uma teoria causal da cognição e finalizando

INTRODUÇÃO À EPISTEMOLOGIA

com o confiabilismo histórico.[3] No período em que defendeu sua teoria causal, Goldman argumentava que um sujeito qualquer, *s*, sabe que *p* se o fato *p* estiver causalmente ligado à crença que *s* tem em *p* por um mecanismo apropriado, isto é, por um processo sem falhas, envolvendo percepção, memória etc., e, principalmente, uma cadeia causal ininterrupta que vá desde *p* até a crença de *s* de que *p*. Se isso ocorre, argumenta Goldman, então *s* está justificado em acreditar que *p*. Assim, aparentemente, a menção de um processo causal sugere que a justificação foi interpretada em termos naturalistas.

Entretanto, mais tarde, Goldman reconhece que essa teoria causal não é capaz de superar as dificuldades apontadas por Gettier. Um dos exemplos que o próprio Goldman apresenta é bem semelhante àqueles do artigo de Gettier. Ele nos convida a considerar a seguinte situação: em determinada região, *Henry* leva o filho para um passeio pelos arredores da cidade, para lhe mostrar as coisas do campo; entre elas estão animais, plantações, máquinas, celeiros etc. Suponhamos, continua o exemplo, que a administração da região tenha feito instalar celeiros falsos (feitos de *papier-mâché*) para fazer a região parecer mais próspera do que ela realmente é. Nesse caso, ao mostrar um celeiro para o filho, *Henry* não sabe se está diante de um celeiro genuíno ou de um celeiro falso. Mesmo que eles estejam diante de um celeiro real, e havendo, pois, uma cadeia causal que o liga à crença de que se trata de um celeiro real, não podemos dizer que esse é um caso de conhecimento, isto é, de uma crença verdadeira e justificada.

Tais dificuldades levaram Goldman a dizer que há conhecimento quando a crença é produzida por um mecanismo confiável de

---

3   O livro mencionado (Goldman, 1986) não tem tradução em português, nem seus artigos, entre os quais destacamos Goldman 1976 e 1985, artigos nos quais se encontram as discussões aqui reproduzidas.

EPISTEMOLOGIA NATURALIZADA

produção de crenças. Desse modo, o caso *Henry* se resolve, pois a percepção é um mecanismo confiável na produção de crenças. Mesmo que *Henry* não saiba se está diante de um celeiro real ou não, o fato é que está. Ele adquire a crença de que está diante de um celeiro em virtude de perceber um celeiro real. Ele adquire tal crença por meio da percepção visual. E, logo, temos aí um caso de conhecimento. Há uma clara diferença entre o caso *Henry* e aqueles casos analisados por Gettier em seu artigo. Nesses casos, como vimos no primeiro capítulo, os mecanismos pelos quais a crença foi produzida não são confiáveis. No caso do exemplo de Goldman (o caso *Henry*), temos um mecanismo confiável, a saber, a percepção direta de um objeto.

Essa solução apontada pelo confiabilismo histórico, contudo, ainda causa certo desconforto na consideração do caso. Pois desejaríamos que *Henry* e quaisquer sujeitos cognitivos pudessem ter critérios para saber se estão diante de um celeiro real ou não. Ora, esse desconforto não é diferente daquele que também temos ao considerar um dos aspectos da concepção tradicional de conhecimento como crença "verdadeira" e justificada. A noção de verdade pressuposta por essa concepção é a noção correspondencial. Mas o correspondentismo faz da verdade algo objetivo e independente das crenças do sujeito. Uma crença é verdadeira se corresponde ao mundo, e não se o sujeito acha que ela é verdadeira. Assim, o problema do critério que desejaríamos para o caso *Henry* é, no fundo, o mesmo, pois um mecanismo de produção de crenças é confiável independentemente de isso ser conhecido pelo sujeito. É preciso descobrir quais são tais mecanismos, e por isso Goldman diz que é preciso que a epistemologia leve em conta as pesquisas da psicologia empírica, pois ela deve poder descobrir quais são os mecanismos confiáveis de produção de crenças.

Entretanto, mesmo com esse recurso à psicologia, o trabalho do epistemólogo não está concluído, pois a psicologia empírica, sustenta Goldman, pode apenas nos fornecer conhecimento de uma variedade de mecanismos confiáveis de produção de crenças. Ela não pode sugerir, contudo, quais são as melhores estratégias cognitivas. Essa é uma tarefa da qual a epistemologia não poderia abrir mão. É por isso que podemos dizer que, de fato, Goldman conserva muito mais da perspectiva tradicional da epistemologia normativa do que ele inicialmente parece fazer. A tarefa principal da epistemologia, segundo esse autor, é a do desenvolvimento de sistemas de regras de justificação ("regras-J", como ele as denomina).

Dessa forma, embora Goldman seja parcialmente crítico em relação à posição de Quine, sua saída para o problema da normatividade é, afinal, a mesma que a de Quine. Goldman também argumenta que a psicologia ou outras disciplinas empíricas que se ocupem da cognição podem apenas oferecer subsídios para a epistemologia normatizar o conhecimento humano. Trata-se, assim, do mesmo tipo de aplicação de que fala Quine. Apenas a ênfase é diferente, pois Quine está aparentemente mais interessado nas pesquisas propriamente empíricas sobre o conhecimento humano, ao passo que Goldman está mais interessado na aplicação do que for descoberto por meio delas para podermos normatizar e otimizar nossas práticas cognitivas. Esses dois autores pressupõem que o conhecimento é o tipo de processo no mundo que pode ser dirigido, corrigido e melhorado.

O FENÔMENO "CONHECIMENTO"

Apesar das oscilações de Quine e de Goldman entre os objetivos da epistemologia tradicional e de um naturalismo mais radical, e apesar do fato de ambos serem ainda muito sensíveis aos objetivos normativos da epistemologia tradicional, há um elemento claramente naturalista em suas doutrinas. Mas trata-se de uma concepção natura-

EPISTEMOLOGIA NATURALIZADA

lista do conhecimento, e não propriamente de uma concepção naturalista da epistemologia como disciplina. Uma concepção naturalista ou naturalizada do conhecimento humano deve poder apontar o tipo de fenômeno que ele é. Trata-se de um fenômeno físico-químico, de um fenômeno biológico, de um fenômeno estritamente mental ou de um fenômeno social?

Nenhum dos dois autores oferece resposta direta para essa questão, mas ambos sugerem que o fenômeno de que estamos falando ao considerar o conhecimento humano é um fenômeno do tipo mental. Quine parece entender o conhecimento assim, com certa simpatia também pela ideia de que o conhecimento é um fenômeno de ordem biológica. Goldman, ao contrário, parece entender o conhecimento como um fenômeno mental, mas com certa simpatia pelo aspecto social, pelo menos em seus trabalhos posteriores ao livro antes mencionado.[4]

Tomemos então a ideia mais geral desses autores de que o conhecimento é um processo psicológico ou mental, mesmo que sejam consideradas também as relações com as dimensões biológica e social. Da perspectiva naturalista, é hoje comum considerar o conhecimento humano como um fenômeno também biológico, em especial, evolutivo; e há vasta literatura a esse respeito, que não comentaremos aqui. Há também um bom número de obras que enfatizam os aspectos sociais do conhecimento humano. Em todos esses casos, as questões cognitivas são tratadas como questões de fato e de descoberta, mesmo que as descobertas feitas acerca da cognição possam nos levar a melhorar nosso desempenho cognitivo, da mesma

---

4   Consideremos seus últimos livros: Goldman 1999 e 2004, cujas ideias não comentamos aqui. De Quine, sobre o aspecto biológico (evolutivo), pode-se consultar outro de seus artigos célebres, a saber: "Natural Kinds" (Espécies naturais) (1969b). A tradução brasileira está incluída no volume da Coleção os Pensadores que contém textos de Quine.

INTRODUÇÃO À EPISTEMOLOGIA

forma que nossas descobertas em física e química podem nos levar a melhorar o desempenho das máquinas. E é, afinal, essa ideia que está presente nas doutrinas de naturalistas como Quine e Goldman.

A própria pedagogia, por sua vez, empenhada em melhorar as estratégias de ensino e aprendizagem, ao emprestar resultados da psicologia, da antropologia e da sociologia, entende que nossas capacidades cognitivas podem ser conhecidas empiricamente e dirigidas, visando a um melhor desempenho cognitivo. E a própria metodologia científica pode ser elaborada com base em tais ideias.

De fato, todas essas iniciativas e formas de considerar o conhecimento humano são variações da postura naturalista e da ideia de que, ao falarmos do conhecimento, devemos primeiro entender o tipo de processo no mundo de que estamos falando, e depois podemos normatizá-lo e dirigi-lo, na medida em que isso for possível. O que, em última instância, é incompatível com essa postura naturalista são as formas tradicionais de normativismo *a priori*, isto é, as iniciativas da epistemologia tradicional de apresentar critérios e regras epistêmicas que levem em conta apenas os aspectos lógicos do conhecimento humano.

No que diz respeito, enfim, a um programa naturalista para tratar das questões epistemológicas, permanece uma dificuldade. Mesmo que possamos reconhecer hoje que, certamente, o conhecimento humano é um tipo de fenômeno que envolve aspectos biológicos, psicológicos e sociais (e mesmo, em certa medida, físico-químicos e fisiológicos, se pensarmos nos processos perceptivos em nossos corpos), não existe uma teoria unificada, que possa determinar a medida exata em que cada um desses aspectos deve ser levado em conta.

Talvez essa teoria seja um objetivo impossível, e o que deva ser feito seja simplesmente identificar aquele aspecto mais relevante a ser considerado por uma pesquisa empírica sobre o conhecimento humano que possa ser bem-sucedida. Por exemplo, embora os fenômenos biológicos sejam fenômenos ocorridos em um mundo material determinado por leis físicas e químicas, os biólogos não consideram que tais aspectos sejam relevantes para compreendermos o mundo dos seres vivos. Do mesmo modo, a epistemologia naturalizada pode reconhecer que o conhecimento humano como fenômeno natural pressupõe fenômenos físicos, biológicos, psicológicos e sociais, mas que o que é relevante para estudarmos seria, ainda assim, de outra ordem. Mas então o ponto a ser claramente determinado é esse, isto é, apontarmos o que é essencial no conhecimento humano.

Uma resposta satisfatória para essa questão não pode ser dada *a priori*. Ela depende da possibilidade de sucesso de um amplo programa de pesquisa, orientado por uma teoria pujante. Aqui vemos como uma concepção naturalizada do conhecimento não pode, afinal, ser separada de uma concepção naturalizada da epistemologia, pois o conhecimento humano será caracterizado adequadamente como fenômeno no mundo quando uma epistemologia naturalizada estiver plenamente desenvolvida.

RESUMO

O naturalismo pode ser tomado como uma tese sobre o conhecimento humano ou sobre a natureza da epistemologia como disciplina. A epistemologia naturalizada, em um primeiro momento, foi compreendida como uma disciplina puramente descritiva, abandonando os ideais normativos da epistemologia tradicional. Mais tarde, alguns autores naturalistas, como Quine e Goldman, procuraram resgatar o aspecto normativo, o que resultou na ideia de que a epistemologia aplica os resultados das pesquisas empíricas em psicologia (e outras disciplinas) com o objetivo de normatizar nossas práticas cognitivas.

INTRODUÇÃO À EPISTEMOLOGIA

Para Quine, o que a epistemologia naturalizada deve fazer é explicar a enorme diferença que há entre o *input* e o *output* relativos ao sujeito cognitivo. O sujeito recebe uma pobre estimulação sensorial e apresenta depois um discurso ordenado, coerente e complexo sobre o mundo. A diferença entre a entrada pobre e a saída torrencial é o fenômeno a ser explicado pela epistemologia, argumenta Quine.

Para Goldman, por sua vez, a epistemologia deve identificar os mecanismos confiáveis de produção de crença e, a partir deles, elaborar sistemas de regras de justificação.

Em ambos os autores falta, contudo, uma caracterização mais clara do tipo de fenômeno natural que seria o conhecimento humano. Diversos aspectos podem ser levados em consideração, a saber: aspectos físico-químicos e fisiológicos, biológicos (evolutivos) e psicológicos, bem como os antropológicos e sociológicos. Apenas um grande e bem-sucedido programa de pesquisa no campo da epistemologia naturalizada é que poderá, no futuro, se levado a cabo, determinar com clareza que tipo de fenômeno no mundo é o conhecimento humano.

LEITURAS RECOMENDADAS

Os já mencionados textos de Quine – "Epistemology Naturalized" e "Natural Kinds" – são os únicos desse autor, existentes em português, que tratam dessas questões e cuja leitura se recomenda, ambos publicados no volume da Coleção Os Pensadores que contém textos de Quine.

EPISTEMOLOGIA NATURALIZADA

ATIVIDADES

Para consolidar o entendimento dos temas tratados neste capítulo, responder por escrito às questões a seguir pode ajudar, assim como escrever de uma a duas páginas sobre cada um dos tópicos indicados.

1. Por que podemos dizer que Hume já possuía uma concepção naturalizada do conhecimento humano?
2. Por que, aparentemente, a epistemologia naturalizada eliminaria o aspecto normativo?
3. Quais são as críticas de Quine ao positivismo lógico e como elas estão ligadas a seu naturalismo?
4. Qual é a tarefa da epistemologia naturalizada, segundo Quine?
5. Como Quine resolve o problema da normatividade da epistemologia?
6. Por que a teoria causal de Goldman não resolve o problema de Gettier?
7. Por que, segundo Goldman, o confiabilismo histórico permitiria resolver o problema de Gettier?
8. Por que, segundo Goldman, apenas os resultados da psicologia empírica não são suficientes para a epistemologia?
9. Qual é a solução de Goldman para o problema da normatividade da epistemologia?
10. Como poderá ser claramente definido o conhecimento humano como fenômeno natural?

Tópico 15: Descritivismo e normativismo nas epistemologias naturalizadas.

INTRODUÇÃO À EPISTEMOLOGIA

Tópico 16: Uma concepção naturalizada do conhecimento é inseparável de uma concepção naturalizada da epistemologia.

Veja que não se trata de duas perguntas, mas de duas afirmações que podem ser feitas com base nas teorias tratadas neste capítulo, e que podem ser sustentadas e explicadas detalhadamente, que é o que deve ser feito nesta atividade.

REFERÊNCIAS BIBLIOGRÁFICAS

AYER, A. J. *The Problem of Knowledge*. Londres: Macmillan, 1956.

CARNAP, R. Testability and Meaning. *Philosophy of Science*, n.3, p.420-68; n. 4, p.1-40, 1936-1937. [Tradução brasileira: Testabilidade e significado. Incluída no volume: *Schlick, Carnap*. São Paulo: Abril, 1980. (Coleção Os Pensadores).]

CARNAP, R. *Pseudoproblems in Philosophy*. Berkeley; Los Angeles: The University of California Press, 1969b. [Tradução brasileira: *Pseudoproblemas na filosofia*. Incluída no volume: *Schlick, Carnap*. São Paulo: Abril, 1980. (Coleção Os Pensadores).]

CARNAP, R. *Logical Foundations of Probability*. Chicago: University of Chicago Press, 1962.

CARNAP, R. *The Logical Structure of the World*. Berkeley; Los Angeles: The University of California Press, 1969a.

CARNAP, R. *The Unity of Science*. Londres: Kegan Paul, 1995 [Bristol: Thoemmes Press, 1934].

CARTWRIGHT, N. *The Dappled World*. Cambridge: Cambridge University Press, 2001.

CHISHOLM, R. M. *Perceiving: a Philosophical Study*. Ithaca, N.Y.: Cornell University Press, 1957.

CHISHOLM, R. M. *Theory of Knowledge*. Englewood Cliffs, N.J.: Prentice Hall, 1977/1989 [1966]. [Tradução brasileira da primeira edição: *Teoria do conhecimento*. Rio de Janeiro: Zahar, 1974.]

DAVIDSON, D. On the Very Idea of a Conceptual Scheme. DAVIDSON, D. In: *Inquiries into Truth and Interpretation*. Oxford: Clarendon Press, 1984 [1974].

INTRODUÇÃO À EPISTEMOLOGIA

DESCARTES, R. *Oeuvres et lettres*. Paris: Gallimard, 1953. (Compreende as obras citadas neste livro e outras que estão disponíveis em diversas traduções e edições: *Regras para a direção do espírito; Discurso do método; Meditações; Princípios da filosofia;* e *As paixões da alma*).

DUTRA, L. H. de A. *Oposições filosóficas. A epistemologia e suas polêmicas.* Florianópolis: Editora da UFSC, 2005.

DUTRA, L. H. de A. *Pragmática da investigação científica.* São Paulo: Edições Loyola, 2008.

DUTRA, L. H. de A. *Verdade e investigação. O problema da verdade na teoria do conhecimento.* São Paulo: Editora Pedagógica e Universitária, 2001.

GARDNER, H. *The Mind's New Science.* Nova York: Basic Books, 1985. [Tradução brasileira: *A nova ciência da mente.* São Paulo: Edusp, 2003.]

GETTIER, E. L. Is Justified True Belief Knowledge? *Analysis,* n.23, p.121-3, 1963. [Republicado in: GRIFFITHS, A. P. (org.). *Knowledge and Belief.* Oxford: Oxford University Press, 1976.]

GOLDMAN, A. I. The Relation between Epistemology and Psychology. *Synthese,* n.64, p.29-68, 1985.

GOLDMAN, A. I. *Epistemology and Cognition.* Cambridge, Mass.: Harvard University Press, 1986.

GOLDMAN, A. I. *Knowledge in a Social World.* Oxford: Oxford University Press, 1999.

GOLDMAN, A. I. *Pathways to Knowledge: Private and Public.* Oxford: Oxford University Press, 2004.

GOLDMAN, A. I. A Causal Theory of Knowing. *Journal of Philosophy,* n.64, p.357-72, 1976.

HAACK, S. *Philosophy of Logics.* Cambridge: Cambridge University Press, 1978. [Tradução brasileira: *Filosofia das lógicas.* São Paulo: Editora da UNESP, 1998.]

HOBBES, T. *Leviathan.* Londres: Everyman, 1994 [1651]. [Tradução brasileira incluída no volume: *Hobbes.* São Paulo: Abril, 1980. (Coleção Os Pensadores).]

HUME, D. *Enquiry concerning Human Understanding.* Oxford: Clarendon Press, 1996 [1777]. [Tradução brasileira incluída no volume: *Berkeley. Hume.* São Paulo: Abril, 1980. (Coleção Os Pensadores).]

KANT, I. *Critique of Pure Reason.* Tradução inglesa de Paul Guyer e Allen W. Wood. Cambridge: Cambridge University Press, 2006 [1787]. [Tradução

REFERÊNCIAS BIBLIOGRÁFICAS

brasileira da segunda edição incluída no volume: *Kant I*. São Paulo: Abril, 1980. (Coleção Os Pensadores).]

KANT, I. *Prolegomena to any Future Metaphysics. [Philosophy of Material Nature.]* Tradução inglesa de Paul Carus, revisada por James W. Ellington. Indianapolis: Hacket Publishing Co. 1985 [1783]. [Tradução brasileira incluída no volume: *Kant II*. São Paulo: Abril, 1980. (Coleção Os Pensadores).]

LOCKE, J. *An Essay concerning Human Understanding*. Galden City, N.Y.: Dolphin Books, 1961 [1690]. [Tradução brasileira incluída no volume: *Locke*. São Paulo: Abril, 1980. (Coleção Os Pensadores).]

MORTARI, C. A. *Introdução à lógica*. São Paulo: Editora da UNESP, 2001.

QUINE, W. v. O. Epistemology Naturalized. In: QUINE, W. v. O. *Ontological Relativity and Other Essays*. Nova York; Londres: Columbia University Press, 1969a. [Tradução brasileira incluída no volume: *Ryle, Austin, Strawson, Quine*. São Paulo: Abril, 1980. (Coleção Os Pensadores).]

QUINE, W. v. O. Natural Kinds. In : QUINE, W. v. O. *Ontological Relativity and Other Essays*. Nova York; Londres: Columbia University Press, 1969b. [Tradução brasileira incluída no volume: *Ryle, Austin, Strawson, Quine*. São Paulo: Abril, 1980. (Coleção Os Pensadores).]

QUINE, W. v. O. Two Dogmas of Empiricism. In: QUINE, W. v. O. *From a Logical Point of View*. Cambridge, Mass.: Harvard University Press, 1953. [Tradução brasileira incluída no volume: *Ryle, Austin, Strawson, Quine*. São Paulo: Abril, 1980. (Coleção Os Pensadores).]

REICHENBACH, H. *Experience and Prediction. An Analysis of the Foundations and the Structure of Knowledge*. Chicago; Londres: The University of Chicago Press, 1938.

RORTY, R. *Philosophy and the Mirror of Nature*. Princeton: Princeton University Press, 1980. [Tradução brasileira: *A filosofia e o espelho da natureza*. Rio de Janeiro: Relume-Dumará, 1994.]

RUSSELL, B. Knowledge by Aquaintance and Knowledge by Description. In: RUSSELL, B. *Mysticism and Logic*. Londres; Nova York: Routledge, 1994 [1917]. [Tradução incluída no volume: *Russell*. São Paulo: Abril, 1980. (Coleção Os Pensadores).]

RUSSELL, B. *The Philosophy of Logical Atomism*. Chicago; La Salle, Ill.: Open Court, 1996 [1918]. [Tradução brasileira incluída no volume: *Russell*. São Paulo: Abril, 1980. (Coleção Os Pensadores).]

RUSSELL, B. *The Problems of Philosophy*. Oxford; Nova York: Oxford University Press, 1997 [1912]. [Tradução portuguesa: *Os problemas da filosofia*. Coimbra: Almedina, 2001.]

WITTGENSTEIN, L.. *Tractatus Logico-Philosophicus*. Oxford: Blackwell, 2001 [1922/1953].

SOBRE O LIVRO

Formato: 14 x 21 cm
Mancha: 10,5 x 16,9 cm
Tipologia: Garamond 11,5/15,7
Papel: Offset 75 g/m² (miolo)
Cartão Supremo 250 g/m² (capa)

1ª edição brasileira: 2010
6ª reimpressão: 2022

EQUIPE DE REALIZAÇÃO

Edição de texto
Sandra Brazil (Copidesque)
Jean Xavier (Revisão)

Capa
Megaarte

Editoração eletrônica
Estúdio Bogari

Impressão e Acabamento

(011) 4393-2911